中国近代农科学人的「三农」问寻

吴强 著

WUHAN UNIVERSITY PRESS
武汉大学出版社

图书在版编目(CIP)数据

中国近代农科学人的"三农"问寻/吴强著.—武汉：武汉大学出版社,2020.1
ISBN 978-7-307-21047-9

Ⅰ.中… Ⅱ.吴… Ⅲ.三农问题—研究—中国—近代 Ⅳ.F329.06

中国版本图书馆 CIP 数据核字(2019)第 147070 号

责任编辑:陈 豪　　责任校对:汪欣怡　　版式设计:马 佳

出版发行:**武汉大学出版社**　(430072 武昌 珞珈山)
(电子邮箱:cbs22@whu.edu.cn 网址:www.wdp.com.cn)
印刷:武汉中科兴业印务有限公司
开本:720×1000 1/16　印张:9.5　字数:132 千字　插页:1
版次:2020 年 1 月第 1 版　2020 年 1 月第 1 次印刷
ISBN 978-7-307-21047-9　定价:39.00 元

序

吴强博士的《中国近代农科学人的“三农”探寻》行将付梓，嘱我作序，这着实让我有些惶恐。因与他交往多年，谊兼师友，并且拥有一些类似的经历，也就乐于在这里拉杂几句。

吴强是南昌大学前湖校区的第一届学生，他入学时校园还是热火朝天的建筑工地，没有后来的湖光柳影，校园周边基本上是人烟稀少的荒郊野岭，不像如今车水马龙。当时图书馆大楼尚未启用，学生宿舍楼的一层就作为临时图书馆。吴强在这里度过了四年时光，一直是宿舍楼下图书馆的常客。之后他如愿考入武汉大学，攻读世界史硕士学位。毕业后，他回到家乡，担任中学历史教师。从他处女作的后记中不难看出，吴强初入职场时并不顺心，他的禀赋与个性确实也不太适合当前中学的氛围。我理解他的苦闷彷徨，但除了鼓励他继续深造外也别无良策。不出所料，吴强不顾家人的轮番劝阻，毅然重返珞珈山，攻读世界史的博士学位。他以超越常人的勤奋与超越常规的速度提前高质量地完成了毕业论文。其间，我们保持频繁的交流，也都想过他学成归来加盟母校的前景，希望余生能够一同灯下读史。如今我俩每次重逢，依然会聊起学习世界史的趣闻轶事，回首过往，真是百感交集。

只是造化弄人，一次机缘巧合，我开始转向从事“三农”问题的博士后研究。吴强当初对我的选择颇为讶异，但不久之后，他竟然也无师自通地走向了“三农”问题的“不归路”，并且在读博期间就发表了多篇“三农”方面的论文，博士毕业后他顺利觅得山西农业大学马克思主义学院的教职，实现了研究领域由世界史到“三农”问题的无缝对接。去年，他携眷南下，转会龙岩学院。龙岩是曾任中共中央农村工作部部长的邓子恢的故乡，吴强得以在那里续写“三农”情缘。众所周知，“三农”问题曾经是显学，汇聚了诸多社会学家、经济学家、历史学家与法学家的目光。得益于历史学的功底与“三农”问题的刺激，吴强开始在农史这一相对寂寥的领域努力开掘，尤其眷恋民国时期的农科学者。他爬梳史料，勾陈索引，博采众长，逐个研究，几年下来，积攒颇丰，汇聚成书也就顺理成章了。

攻读世界史期间，我研习的是幽深晦暗的西欧中世纪史，吴强则专攻美国近现代史；转向“三农”后，我主要驻足于当下的农地制度，但一直鼓励吴强关注近代农科先贤。我相信，回眸历史，可以更好地理解现实。回望近代，董时进、沈宗瀚、邹秉文、章之汶等农学家为发展中国农业学科与助推中国农业现代化进程而殚精竭虑，尽管壮志未酬，但他们的世界眼光与家国情怀，他们的拳拳之心与殷殷期盼，他们的学术抱负与人生境遇，迄今依然令人动容。这些曾经如雷贯耳的农科学者，当然也或多或少存在今人所言的缺失或局限，但他们长期淡出学界的视野，委实让人唏嘘。由此观之，吴强博士的努力，更显得弥足珍贵。

吴强作为“青椒”，自然承受着多方面的重压，但他能够保持定力，勤于阅读，敏于思考，善于写作，获得了不俗的学术成果，近年来一直延续着学术高产优产的势头，此书的出版也是他阶段性的成果小结。在此也衷心祝愿吴强能以此为契机，在“三农”领域大显身手！

余永和

2018 年 12 月 1 日于天津

前　言

本书从构思立意到动笔写作经历了一个漫长的过程，不仅意味着自己年岁渐长，从青年博士到为人父母，而且也是本人学术道路和研究方向不断实现转进的产物。

我是农民的儿子，生在农村、长在农村，父母双亲也都是本分淳朴的“刨食者”，真是“粒粒皆辛苦”！然而，由于在踏入学术之门后一段时间内的学术兴趣主要集中于世界史，故也不太可能“脚踩两只船”，只能一心一意于本专业的学习，这也是世界史学科本身难度（一般来说，既古又洋，对研究者的外语水平和理论功底有着极高要求）所决定，虽然自己一直对近现代史非常感兴趣，也看过不少这方面的书。直至真正入读博士之后的第三年，受到来自好友余永和教授现身说法的影响，并出于对未来前途的实际考量以及对博士能够按时毕业的起码自信，遂决定尽快转向中国史，并以中国近现代农史作为切入点，特别是将留美农科学人作品及其思想的搜集、整理、挖掘作为重中之重。以此思路为指导，加之武汉大学丰富的图书馆藏，我在攻博的最后两年集中阅读了三大本沈宗瀚口述自传（台湾原版）和著名学者钱理群所撰其尊人钱天鹤的有关忆述文章，对他们两位的有关思想作了详细梳理，并整理成文，这当是本书最初的“模子”。

博士毕业之后，我有幸来到地处太谷的山西农业大学马克思主义学院任教，在完成思政课教学之余，全力投入曾于该校工作过的“老金陵”——主要是王绶和乔启明这两位著名农科学人论著及其思想的研究，试图以此为突破口，楔入以民国时期金陵大学农科学人为聚焦的农学学术史或思想史研究。毕竟，民国时期的金陵大学农学院乃是当年留美农科学人回国之后的大本营，前述沈宗瀚、钱天鹤也都曾在此任教多年，并于做出骄人业绩之后才转向农政管理部门。如是选择既是本人一定时期之内问题意识自然延伸的反映，也非常符合笔者所在单位以农为特色的办学宗旨，邹秉文、章之汶等人也正是在这样的背景之下进入我的学术视线。至于董时进，除了媒体热捧之外，对其所作的研究同样也是受到余永和教授的启发和点拨，记得当时还利用有关数据库下载了不少董氏论著，并以编纂出版其文集自期，而董时进本人毕业于康奈尔大学，乃民国时期著名农业经济学家，刚好与沈、钱、王、邹主要从事的自然农学构成一个完整的农科拼图。

笔者从事中国近现代农史研究，某种程度上确实是“误打误撞”，但也可以说是各方面机缘黏合在一起的结果，对近代中国农科学人的兴趣不仅是过去数年持续耕耘的对象之一，也将是未来继续深化开拓的对象，此书也算为本研究开了个头，期待更为精彩的将来。

目　录

上编　思想史个案

下编　教育史探研

补　编

上编　思想史个案

第一章　钱天鹤农业思想概说

> 钱天鹤，农学家、现代农业科学的先驱者，中央农业实验所的主要创始人。抗日战争时期从事农业行政工作，对发展大后方农业生产，特别是粮棉生产有重要贡献。台湾光复后，置身台湾，参与农业政策和实施纲要的制定，对恢复和发展台湾农业发挥了重要作用。晚年投身金门、马祖两岛的农业建设，成绩卓著，甚受两岛人民的爱戴。①

以人物传记的标准来衡量，上述文字对钱天鹤的生平勾勒已经较为清晰，读者当能从中大致了解到传主本人的一生行谊。若将钱天鹤置于中国近代农学史这一学术系谱传承后，便发现文字背后所蕴含的丰厚思想遗产远未得到深入挖掘。作为一个历史人物，钱天鹤可谓中国近代农业发展的见证者和亲历者，其在农业诸多领域皆有不凡造诣，闪烁着作为一位杰出农学家的思想光芒。然而，由于时代原因，以及钱天鹤本人并未留下个人回忆录，且后期逐渐转向农业行政工作的缘故，相比于蒋梦麟、沈宗瀚这两位已出版回忆录的农复会创始成员，钱天鹤之于学界和民间都显得陌生许多。有鉴于此，本章试以《钱天鹤文集》（简称《文集》）为讨论文本，对其农业思想作一概说。

---

① 中国科学技术协会编：《中国科学技术专家传略（农学编）》（综合卷1），中国农业科技出版社1996年版，第79页。

一、兼收并蓄、引入现代科技发展蚕丝业

“我国是世界上最早利用绢丝织物的国家，这是全世界各国早已公认的事实。”① 蚕丝相传系由黄帝元配嫘祖发明，《皇图要览》《通鉴外纪》《孝经》《史记》和《淮南子》等中国古代众多文献中都有关于如何养蚕和缫丝的详细记载，代表了生活在这块土地上的先民在他们所处的时代能够取得的最高成就。② 以蚕丝为基础发展而来的丝织业也成为中国古代自给自足式农耕经济的重要组成部分之一，黄梅戏《天仙配》中的著名唱词——“你耕田来我织布”便是这一生产生活方式的生动写照。可以说，蚕丝业经过几千年的发展和演变，至 1840 年鸦片战争爆发前夕，已成为中国古代手工业体系中较为成熟的行业，有着非常悠久的传统，积累了丰富经验。

林语堂曾戏称自己的一生是在中西两种文化间“脚踩两只船”，这一形象说法也可用来说明近代中国较早接受西方文化教育熏陶的那批海归学人的普遍心态，毕业于清华学校（今清华大学前身），后于美国康奈尔大学获得农学硕士学位的钱天鹤也不例外。翻检整部《文集》，以蚕学研究见长的钱天鹤在立论时，一方面大声疾呼借鉴国外先进养蚕技术的必要性，另一方面则始终不忘对本国既有经验的批判性总结。钱天鹤认为：“我国自古为产丝名国。汉代绢棉流入罗马，直与黄金同价，遐迩人士，无不想望我中华凤物，竟以丝国见名。盖我国蚕业之独享盛名，来由久矣。”③

换言之，面对西方国家蚕丝制品的激烈竞争，国人虽无绝对优势，

① 中国科学院蚕业科学研究所、周匡明主编：《中国蚕业史话》，上海科学技术出版社 2009 年版，第 2 页。

② 华德公编著：《中国蚕桑书录》，农业出版社 1990 年版，第 10 页。

③ 中国科学技术协会编：《中国科学技术专家传略（农学编）》（综合卷 1），中国农业科技出版社 1996 年版，第 69 页。

但也不必妄自菲薄。在《机器孵卵》和《中国固有之机器孵卵》两文中，钱天鹤首先认可了科学昌明之于西方农业发展的作用，但其后即指出中国古代农民往往也善于利用各种方法来达到与现代机器作业类似的效果。在另一篇题为《论蚕忌》的文章中，钱天鹤并未如大多数人那样将载于中国古书中的“蚕忌”一概斥为迷信，“不敢深信”，而是主张以现代科学试验来判断“蚕忌”在实际生产过程中的作用和效力，不以流传为据，而以事实为准。为此，钱天鹤组织了金陵大学蚕科同学对《务本新书》中所提及的“蚕忌”逐条进行试验，结果发现这些古老智慧的结晶虽有失偏颇之处，但其对养蚕时温度、湿度和周边环境的强调也完全适用于现代。《讲农古籍汇录》一文则更是钱天鹤对中国农史高度重视的显例，此文刊布了三大类（花草、果蔬和杂类）共计 75 种古农书。

钱天鹤的可贵之处在于他并未盲目自得于中国古代蚕桑传统，而是清醒而理性地看待近代以来中国蚕丝业的发展状况及其与他国之间存在的差距。钱天鹤在《文集》的多篇文章中运用了各类统计图表，以告诉读者中国丝织业的真实境况。发表于 1919 年《科学》杂志上的《中国蚕丝业之研究》一文详细列数了 1917 年中国各省蚕丝价值。根据该文相关图表数据，当年全国蚕丝产值为 1. 39 亿元，仅浙江一省就几居全国之半（54 492 050元），同一年的中国蚕丝出口为7 900余万元，而日本的蚕丝出口多达370 000 000万元，相当于中国的 5 倍。① 在另一篇《振兴蚕丝业之管见》中，钱天鹤引述国外学者的数据说明民国初年（1913 年）日本蚕丝占据国际市场的份额已近一半（44. 5%），而中国蚕丝在国际市场中的比例则降至 25. 9%，中国蚕丝业事实上已被日本甩开相当距离。② 出于对国外蚕丝业的关注，钱天鹤另将日本学者石明弘所写的有关法国和意大利两国蚕丝业发展的专文译为中文（《法意两

① 钱天鹤：《钱天鹤文集》，中国农业科技出版社 1997 年版，第 35~36 页。
② 钱天鹤：《钱天鹤文集》，中国农业科技出版社 1997 年版，第 55 页。

国蚕丝业之概况》），以飨国内同好，这些都有利于促进国外蚕丝业先进理念在中国的传播，钱天鹤在某种程度上扮演了“桥梁”的角色。

曾经辉煌的中国蚕丝业时至钱天鹤撰写蚕学论文时为何会衰弱？既然现况已今不如昔，又如何改善和追赶？对于这些难题，钱天鹤也有一整套看法。他认为以下这些原因导致中国蚕丝业大不如前。

其一，蚕病之蔓延与农民墨守旧规。当时虽已有法国著名生物学家巴斯德（Louis Pasteur）发明框制蚕种术，但一来中国幅员太广，蚕农还是以古时经验为准，不知也无力使用现代科技应对蚕病，这使得中国农村的家庭养蚕很难抵御病害，风险较高。

其二，养蚕法之不合。“我国乡民识字无多，养蚕之法都由口授，及本其一已经经验之所得，展转流传，谬误滋多，即讲蚕古书，其中所述，亦多费解及迷信之谈。”① 蚕农养蚕法之所以不合，很大程度上还是和他们靠经验吃饭有关。

其三，厂经之粗细不匀而多胶结，不合英美织绸家之用。“我国缫丝之法，创自太古，数千年来进步殊鲜”②，其根源还是在于中国蚕丝业的科技水平不高，产品难以适应国际市场需要。

其四，金融机关不完备。如果说以上诸条还更多地是从技术层面入手的话，钱天鹤特意提及金融机关的不完备则表明他已经注意到社会因素对中国蚕丝业的制约，蚕农和丝商的资金来源又是其中最为关键的问题。

其五，政府之漠视。钱天鹤认为中国古代虽有后妃每年 3 月亲桑之典，但多流于形式而并未真正起到实效，“奈徒托虚文，无补实事”③。清末民初，浙江、湖北、四川、江苏等地纷纷兴办蚕校，但因主事者不仅没有发展蚕桑的决心和恒心，也常视之为累赘而未能给予有力资金支持。

---

① 钱天鹤：《钱天鹤文集》，中国农业科技出版社 1997 年版，第 120 页。
② 钱天鹤：《钱天鹤文集》，中国农业科技出版社 1997 年版，第 127 页。
③ 钱天鹤：《钱天鹤文集》，中国农业科技出版社 1997 年版，第 134 页。

针对上述问题，钱天鹤提出系统解决方案：①检定蚕卵；②推广桑园；③防止茧商操纵茧价；④由政府或公共团体筹资创设茧行及丝厂于蚕业素未发达的地区，以补助蚕户；⑤提倡国际直接贸易，派人调查国外丝业情形；⑥政府和银行对蚕丝业的金融支持；⑦改良厂经及设立生丝检查所；⑧振兴蚕业教育；⑨派遣学生留学日、法、意三国；⑩书报杂志统计等刊行；⑪蚕业家之互相联络。钱天鹤对如何振兴蚕丝业所提的这些意见不仅涵盖了生产和销售，而且还综涉病虫害防治、规模生产、国际贸易、金融扶持、政府政策、人才培养和国际交流等项，其对发展蚕丝业的论述可谓巨细靡遗。

二、从战略高度思考中国农业的未来发展方向

“为了适应抗日战争的需要，建立战时的经济体制，国民党政府对其经济领导机构进行了大规模的调整。”① 迁都重庆的国民党政府于1938 年 1 月 1 日根据颁布的《调整中央行政机构令》将原有实业部改组为经济部，资源委员会、农产调整委员会、工矿调整委员会等机构全部划归经济部。翁文灏出任部长，钱天鹤则担任该部下辖的农业司长。这一职务也标志着钱天鹤人生旅程第二阶段的开始——由一位学有专长的农学家转为中央层级的农业行政主管官员。1940 年 7 月，钱天鹤就任新设置的农林部常务次长一职直至 1947 年 6 月卸任。由于这一时期担任农林部长的陈济棠等人为行伍出身，身为常务次长的钱天鹤负有更多责任为战时中国农业发展及战后复员而殚精竭虑，这也给了钱天鹤从战略高度思考中国农业未来发展方向的机会，《文集》中因此留下不少这方面的思考。

作为一位具有真才实学的海归学者，钱天鹤的观照视野较为开阔，

① 清庆瑞主编：《抗战时期的经济》，北京出版社 1995 年版，第 252~253 页。

他从世界历史的高度阐述农业与近代西方文明之间的密切关系，认为后者得益于工业革命的次第展开，而农业也同时在这个过程中受到来自工业革命的影响和浸润，突出表现在“农具之改良”“新种之输入及传布”“农学之进步”“农田面积及售货量之增加”和“农民地位之增进”，这些因素又反过来推动了西方农业的现代化进程。钱天鹤在此看到的是西方农业在近代工业化大潮下实现了质的“蜕变”——从传统农业迈向现代农业，这一趋势在他看来不应独为西方国家所拥有，它也指明了古老中国农业的未来发展方向。但当时的中国农业状况无法令钱天鹤感到乐观。

钱天鹤秉持科学家的真知灼见痛陈中国农业现况着实堪忧，并面临着来自三个方面的棘手问题。首先是农民户口与耕地分配之间的矛盾。“此60年中（1873—1933）全国人口既增加如此之巨，而耕地面积几乎保持原状，故农民生活，异常困难；历年祸乱，其根本原因，即在于此”①，“故欲建设农业，必须注意人口问题，一切设施务宜顾到如何安置过剩之人口”②。如今看来，钱天鹤此番痛陈已经点出人口增长过快不仅将导致人地关系紧张，而且也是制约中国发展的一大要因，这一观点较之日后马寅初所提出的“新人口论”早了数十年时间。其次，农民的耕地面积既然如此之少，中国粮食供应也就很难自给，这影响到农民的基本生存和社会稳定。上述两方面问题的叠加使得中国农民生活于极端困苦之中，“全国食量，既属不敷，又加之天灾人祸，连年不绝”③，中国农民不可谓不勤劳，但他们却又在这个国家中处于极度弱势的境地。

钱天鹤将目光投向了农业增产，试图通过增产来改善农民生活、提升中国农业水平，对于农业增产的重视在钱天鹤担任农林部常务次长后面几年体现得最为明显。这一时期也正值中国抗战进入最为艰苦卓绝的

① 钱天鹤：《钱天鹤文集》，中国农业科技出版社1997年版，第200页。
② 钱天鹤：《钱天鹤文集》，中国农业科技出版社1997年版，第208页。
③ 钱天鹤：《钱天鹤文集》，中国农业科技出版社1997年版，第260页。

相持阶段，大批军民迁至云南、四川和贵州。根据 1943 年《国民政府年鉴》的统计，从 1937 年 10 月至 1943 年间，后方各省共收容难民高达10 286 642人，这个数字还不包括公教人员和学生、工人在内。① 张嘉璈的估计更高，“到 1940 年，沿海各省逃往大后方的人民，从一亿八千万增到二亿三千万人”②。因此，解决大后方的粮食供应问题便成为中国抗战能否坚持下去的重要支撑。无疑，基于已有条件，努力提高粮食产量是当务之急。钱天鹤的增产建议得到了国民政府在政策上的支持并推广实施，1942 年，水稻和棉花的种植面积分别由上一年的2 164.9万亩、1 261万亩增至2 553.2万亩、1 529万亩。主要粮棉作物的增产有力确保了抗战期间大后方军民的正常生产和生活，巩固了抗战大局，为中国抗战的最后胜利提供了后勤保障，这也说明了钱天鹤的对策务实而高效，正中要害！

来自政府的扶持还仅仅是其中一面，粮食增产必须运用现代农业科技手段方能达成，这又涉及农学教育问题，“扩充农业教育，训练农业人材，实为当务之急，而训练成绩能否优良，尤为农业生产兴衰之所系”③。钱天鹤认为中国农业的出路在于科学农业，“总之农业问题，即科学问题，解决农业问题，非从科学入手不可”④，而传统中国将农业视为一门经验性技术已然落后于时代发展，“我国旧有的农业技术，并非不优良，但只是局部的，非整个的”⑤。就此而言，钱天鹤的好友、同为著名农学家的沈宗瀚也有着类似论述：“四千年来中国农业，皆由于累积的经验而缓慢进展。至民国十年以后，科学农业始渐萌芽。”⑥

① 李世平：《四川人口史》，四川大学出版社 1987 年版，第 207 页。

② 张公权：《中国通货膨胀史（1937—1949）》，杨志信摘译，文史资料出版社 1986 年版，第 9 页。公权为张嘉璈的字。

③ 钱天鹤：《钱天鹤文集》，中国农业科技出版社 1997 年版，第 227 页。

④ 钱天鹤：《钱天鹤文集》，中国农业科技出版社 1997 年版，第 225 页。

⑤ 钱天鹤：《钱天鹤文集》，中国农业科技出版社 1997 年版，第 230 页。

⑥ 沈宗瀚、赵雅书等编著：《中华农业史论集》，台湾“商务印书馆” 1979 年版，第 135 页。

相比于梁漱溟、晏阳初，钱、沈和另一位著名农业经济学家董时进可谓民国时期科学农学主张的代表性人物，他们个人的观点可能有所不同，但他们都以科学兴农、发展农业生产为第一要务，这是否也契合马克思的“生产力决定生产关系”这一社会发展“铁律”？

三、流落宝岛、助力农工

离开农林部常务次长的岗位后，钱天鹤于1947年代表中国前往联合国粮农组织担任顾问，1948年返回中国就任中美两国政府合作成立的新组织——“中国农村复兴联合委员会”（简称“农复会”）农业组组长，后于1952年成为台湾“农复会”委员，至1961年退休前一直服务于“农复会”。钱天鹤在“农复会”工作期间有多篇有关台湾农业发展的文章见诸报刊，有些论断延续了他在大陆时形成的想法，另外一些则是就台湾特定环境有感而发。

钱天鹤一直注重以农业科技帮助农民增产。赴台后，钱天鹤一如既往将增产置于农业生产的中心地位，“夫台湾农业建设之唯一目标为增产，其最后目的为增加农民收入，提高农民生活程度，所谓人民当然包括农民在内”①。在《谈台湾农作物病虫害的防治》一文中，钱天鹤认为“病虫害的防治”“化学肥料的运用”和“改良种子的推广”这三者结合将有功于农作物质量改进和提高产量，更有为农民清除灾害、安定经济的社会意义。台湾地区在日本殖民时代的1938—1945年每年平均糙米产量为113万余公吨，而1950年后连续三年的糙米产量即达到148万余公吨、157万余公吨和154万余公吨，每年至少都有三成的增长量，产量提高不仅解决了农民的吃饭问题，而且对于稳定台湾社会有着重要意义。

著名发展经济学家张培刚先生在其经典著作《农业与工业化》中

① 钱天鹤：《钱天鹤文集》，中国农业科技出版社1997年版，第245页。

认为，“如果有了政治的独立和安定，有了必需的资源和开发资本，并且有了得到现代技术的机会，则一个农业国家，甚至一个政权内的农业区域，要使自己实现工业化，乃是一种普遍的趋势”①。就台湾而言，自1953—1975年这20多年时间内，台湾相继实施了六个“四年经建计划”，大力推动经济发展，“台湾经济完成了从稳定到发展，从起步到起飞的第一次工业化阶段”②。在这一经济发展过程中，“农复会”较好地担当了农工之间的中介角色，台湾农村也在历经此前几年的土地改革后不仅自身获得发展，而且也为台湾工业化提供了资金和劳动力等支持。供职于“农复会”的钱天鹤也就农、工两业如何协调等问题积极建言献策。

首先，钱天鹤肯定工业化之于台湾经济的重要性，认为工业化乃大势所趋，也是台湾从传统社会迈向现代社会的必备条件。其次，工业化为台湾农业发展提供了出路。再者，台湾工业化的实现绝不应以牺牲农业为代价，而要农工并重、齐头并进。“吾人今后重视台湾农业之发展，其基本观念应与重视工业之发展者同。”③ 钱天鹤在借鉴国外学者观点的基础上，进一步阐发农业的本质其实也还是工业（agricultural industry），农业现代化与工业现代化的原则与步骤之间颇多相同之处。最后，钱天鹤也强调政府应充分发挥其作用，为农业发展提供优质公共服务，如“协助农民改进生产技术”“协助农民减低生产费用”和“协助农民外销农产品”。④

四、经验与启示

时至今日，不论政府高层还是学界民间都给予农业问题高度关注，

① 张培刚：《农业与工业化》（上卷），华中科技大学出版社2009年版，第189页。

② 李非：《台湾经济发展通论》，九州出版社2004年版，第276页。

③ 钱天鹤：《钱天鹤文集》，中国农业科技出版社1997年版，第251页。

④ 钱天鹤：《钱天鹤文集》，中国农业科技出版社1997年版，第248页。

各方意见之多犹如万花筒。这一现象除了说明农业问题本身所具有的重要性和复杂性之外，也表明国人长期以来对农业问题的认识和理解存在种种不足和缺陷。专家所开的药方大多基于自家研究之所得，这类研究虽对特定区域中的某些具体问题颇有疗效，然其“头痛医头、脚痛医脚”，缺乏对农业问题的整体思考和通盘擘画。

此外，中国大陆的农业问题研究者过去往往将注意力集中于苏联，改革开放后才逐渐将视界放宽至日本和欧美各国，其背后的理论预设似乎默认了大陆农业问题研究缺乏自身学术传统的尴尬事实。作为钱天鹤农业思想的初步探究，本章意在表明中国大陆“三农”研究长期以来忽略了以钱天鹤为代表的一批近代著名农科学人对中国农业问题的探索成果，对当下中国农业问题的省思有必要将他们作为已有的本土思想资源纳入到建构有中国特色的“三农”理论体系中来。

钱天鹤的“三农”思想实则代表了他那一代农科学人对中国农业发展的可贵探索，虽不免带有时代局限，但这些思想对于今天的我们仍富有启迪，这也说明了那种有选择性的刻意遗忘在历史面前反倒显得多么无力。钱天鹤对“三农”问题的思考始终依据客观规律，而不因个人好恶违背和扭曲规律的运行，这就使科学农业成为可能，国家、农民和市场三者之间的权利义务关系也才能得到理顺，农业与其他产业之间也得以平衡发展。

作为一位出色的农业行政官员，钱天鹤行事缜密，计划周全，他对农业发展的预期既有系统性说明，也有着基于一时一地特定环境下的短期工作目标。钱天鹤善于察觉外界已经变化了的环境，他认为制度应随环境而变以适应环境。这一点使钱天鹤在工作中具备较强的自我纠错能力。钱天鹤“三农”思想最为突出的特点莫过于他能做到从农民需要出发，急农民之所需，在尊重客观规律的前提下真正做到服务农民而非“瞎折腾”，这也是钱天鹤所怀“农民精神”的最好注脚。

若从历史发展的长程视角来看，中国自明末以来便逐步成为全球贸易体系和交流网络中的重要一员，面临着推动中国完成从传统社会向现代国家的缓慢转型，而这一历史命题在 1840 年鸦片战争后一定程度上集中表现为留学生负笈留洋，努力将西方先进科学技术带回中国以改造原有落后的社会经济面貌。“正是中国近代留学生群体的不懈努力，初步建立起具有中国本土化特征的中国近代科学文化，他们在中国近代科学社团文化、科学期刊文化、科研机构文化和科研教育机构文化等方面作出了杰出贡献。”① 在诸多留学生中，包括钱天鹤在内的留美学生群体“学业成绩向来以优秀著称”②，他们在美国留学时往往也都在康奈尔大学、哈佛大学、哥伦比亚大学等名校师从当时各领域内的世界级顶尖专家，而回国后的后续科研工作和实践经验也有助于他们在认识能力和思想深度上获得进一步提升。简言之，钱天鹤等人不仅是单纯带回具体科学成果，而且也试图在立足中国本土实情和民族传统的基础上，结合西方先进科技以实现改良中国、再造文明的目的。

① 张培富：《留学生与中国科学文化的发展》，《科学技术哲学研究》2012 年第 6 期，第 77~79 页。

② 魏善玲：《清末出国留学生的结构分析（1896—1911）》，《历史档案》2013 年第 2 期，第 102~108 页。

第二章　沈宗瀚农业思想管窥

晚清以来，中国近代学者及其学术已然成为国中学人十分热衷于议论的话题之一，甚至在广义的媒体文化界也形成了一股强劲的“怀旧热”。当然，已经进入新时代的我们在全力迈向中华民族伟大复兴的同时稍微调转身姿，“瞻前”之余及时“顾后”或也将使前行之路更为稳当。然而，犹如北京大学中文系退休教授钱理群先生在提及其父亲、近代著名农科学人钱天鹤时的感叹——“始终存在一个盲点，即是对自然科学家的忽略与排斥”①，回顾近年来的中国近代学术史研究状况后不难发现，大多数学者的研究重点也确实主要侧重于人文法政学者或曰“文人”②。当然，这应与他们能够提供给后世更多可进一步演绎或发挥的“故事”不无关联，而某些段落篇章甚至还对大众产生了极为强烈的吸睛效果，其真实性反倒是退居次要。

事实上，较之文科学者的“风花雪月”，中国近代自然科学家同样不乏精彩和浪漫，故事一点也不比前者少。然而，囿于多方面原因，特别是受限于专业藩篱而导致大多数公众难以亲近或对其不感兴趣，导致多数自然科学家“只缘身在此山中”，一生传奇经历也只有少数人耳闻，农学就是其中之一。而将“毕生的心血都贡献给了中国农业”的

① 钱理群：《我的家庭回忆录》，漓江出版社 2014 年版，第 5 页。

② 仅就数量而言，这方面的著作可谓汗牛充栋，但还是以胡适、傅斯年、李济、董作宾等为代表的文史学者与以王宠惠、王世杰、钱端升、萧公权为代表的法政学者居多。

农业科学大师兼及农业行政专家、出生于清光绪廿一年乙未十月二十九日（1895年12月15日），以“幼而学之”“壮而行之”“老而推广之”自我总结的沈宗翰，就是中国近代农科学人的杰出代表。本章将以基本历史文献为据，试对沈宗翰的“三农”论述作一思想勾勒，以期抛砖引玉。

一、负笈留美奠定思想基调

正如台湾著名历史学家许倬云在沈宗瀚逝世后所写悼文中的高度评价：“沈老伯多年来规划中国农业现代化，结合了中国历史知识与美国现代‘农业推广’的经验。”① 沈氏之所以能够熟稔中美两国农业发展的历史和现状，最终成就一番伟业，成为同侪中的佼佼者，很大程度上与其留学美国习农的经历密不可分，美国印记也为沈宗瀚日后筹谋“三农”问题定下思想基调。

中国历来以农立国，各代也涌现出氾胜之、贾思勰、徐光启等著名农学家，但他们的各自代表作主要还是长年累月细心观察所得出的经验性总结，而非建立在现代遗传学和育种学基础上的科学结晶。“四千年来中国农业，皆由于累积的经验而缓慢进展。至民国十年以后，科学农业始渐萌芽。”② 中国农业现代化离不开西方农学知识体系的东传，西方知名农学家来华亲授和中国农科留学生学成归国则是将古老中国与现代农学进行桥接的两大途径，而美国康奈尔大学和金陵大学（简称“金大”）则成为近代中国和西方农学交流的两大主要教育学术机构。根据学者统计，金大农学院1932—1933学年度25位骨干教师中美籍或

---

① 许倬云：《许倬云问学记》，广西师范大学出版社2008年版，第130页。

② 沈宗瀚、赵雅书等编著：《中华农业史论集》，台湾“商务印书馆”1979年版，第135页。

拥有留美经历的高达 17 人，而仅康奈尔大学一校就贡献了 10 人。① 两校农学院基本形成了“输送—培养”的良性互动模式，在这一模式之下，金大农学院将优秀毕业生输送至康奈尔大学攻读学位，而这些年轻才俊毕业后回国加盟母校进一步增强了金大农学院的教研实力，康奈尔大学也利用各种机会派遣知名教授前来金大指导工作。中美之间的热络交流不仅使金大成为民国时期中国农学教育名副其实的“领头羊”，也使康奈尔大学成为诸多立志学农的中国学子心目中的“圣地”。即便如李先闻这样的非金大毕业生，赴美后虽已在普渡大学完成本科学业，但仍“想到著名的康奈尔大学育种系当研究生”②。

相比之下，沈宗瀚留美时不仅年龄稍长（28 岁），而且在西行之前就已在国内的浙江省立甲种农校和北京农专学农，并在毕业后辗转于常德植棉场、南京第一农校和芜湖第一农校服务数年，已有一定程度的理论储备和实践经验。较为丰富的阅历使沈宗瀚的留学目标非常明确。“余自民国九年起，从事于实地改良棉业工作，调查各地棉业状况，密切注意于东南大学及金陵大学之棉花试验与推广，博览中国、日本、美国及英国之棉业著作，决心赴美学棉作。”③

从 1923 年赴美到 1927 年回国，沈宗瀚分别在乔治亚大学农学院和康奈尔大学获得硕士和博士学位，这四年的学习和生活也在沈宗瀚身上留下深刻烙印，使其受用终身。

首先是学识的增长和眼界的拓宽。沈宗瀚初抵美国时入读乔治亚大学农学院，以棉业为主科，麦作为副科。一年后转入康大农学院跟随著名作物育种学家洛夫博士（Dr. H. H. Love）学习，以作物育种为主科，作物及植物生理为副科。遗传学、棉作学、棉花分级及麦作学、生物统计学、育种学、土壤学、作物学、植物生理学及细胞学等农学主要科目

① 张剑：《金陵大学农学院与中国农业近代化》，《史林》1998 年第 3 期，第 82 页。

② 李先闻：《李先闻自述》，湖南教育出版社 2009 年版，第 37 页。

③ 沈宗瀚：《沈宗瀚自述》（上），黄山书社 2011 年版，第 89 页。

的学习以及美国教授所主持的各类研讨班，极大地提高了沈宗瀚的专业技能，为其日后的实际工作奠定基础。其次，留美经历也使沈宗瀚更加坚信中国农业要想取得长足发展必须依靠科学，以现代农学作为中国农业发展的强劲科技支撑，这也成为沈宗瀚日后参与农复会工作时的主导理念。再者，沈宗瀚一方面高度重视自身农学理论知识的学习，另一方面也毫不忽视田野实习和动手操作能力的培养，“余在康大至此得三种宝贵训练，即：精密的思考（心到），勤练的双手（手到），与敏锐的观察（眼到），于我以后研究学问有益，做事处事亦有益”①。最为可贵之处在于，沈宗瀚求学异邦之时仍不忘中国农业发展的实情，强调国外经验必须结合中国国情。“盖不知原理而行事，是为蛮干，知其法而不详，则差以毫厘失之千里，用其法而不顾及中国环境，则为盲从。”②某种程度上，这些启迪成为沈宗瀚日后思考中国“三农”问题的出发点和落脚点。

二、农业发展的关键在增产

“从沈宗瀚来台以后所发表的论著看来，他对台湾农业的基本看法大致不出技术创新与制度改革两大范畴。”③ 事实上，沈宗瀚不论是在大陆还是在台湾，强调技术创新和重视制度改革贯穿其一生，也是其思考“三农”问题的两条主线，而增产则被其认为是农业发展的关键所在。

围绕如何实现农业增产这一命题，沈宗瀚有着细密考量。如前所述，沈宗瀚之所以选择农科作为终生志业，其主因在于他相信所学能够帮助农业以提高生产效率、减轻农民重负。早年就读于浙江省立甲种农校时，沈宗瀚寒暑假回家便为家中亲朋的各项栽培与种植出谋划策。留

① 沈宗瀚：《沈宗瀚自述》（上），黄山书社 2011 年版，第 101 页。
② 沈宗瀚：《沈宗瀚自述》（上），黄山书社 2011 年版，第 95 页。
③ 黄俊杰：《农复会与台湾经验》，台湾三民书局 1991 年版，第 251 页。

美经历则更加强化了沈宗瀚头脑中的现代农业观念，而要发展现代农业则必须依靠先进农业科技。明确这一点非常重要，它实际上成为沈宗瀚回国后的工作指针。

从 1927 年至 1948 年，沈宗瀚先后任职于金大农学院和中央农业实验所（简称“中农所”），尽管两者职志各有侧重，但运用科学方法改良农业使农民增收则一直是沈宗瀚努力工作的中心目标。沈宗瀚以其在康奈尔大学所学的遗传学、育种学知识作为基础，在执教金大农学院后即利用金大优良的实验条件，以小麦为重点展开品种改良工作，最后成功培育出金大 2905 号小麦这一新品种，该小麦“茎中长，坚韧，色白，麦穗中长，长方形，有芒，麦壳白，无毛。子粒红色中长，品质佳”①。新品种的增产效果也十分明显，产量每市亩平均 226 市斤，较之农家小麦多出 32%。② 此外，沈宗瀚还相继针对水稻和高粱进行育种实验，以科学育种来增加水稻和高粱的亩产量。在 1934 年的一次演讲中，沈宗瀚从四个方面高度概括了育种事业今后的发展方向——“集合国内研究人员，分工合作”，“协助优秀之农业机关”，“聘请世界育种专家来华讲学，以介绍信学识而训练人才”，“促进种籽推广事业，使优良之种籽，为农民所乐用”。③

抗日战争爆发后，沈宗瀚转任“中农所”职务，一如既往地以农业增产为核心展开工作，只是这时的增产多了一层保障全国抗战大局的重要意义。从这时开始，沈宗瀚所下的“棋盘”也越来越大，由过去仅在金大一校而今却是主持“中农所”，为深处日寇铁蹄蹂躏下的全国同胞进行育种改良，抗日战争后期更是参与国民政府粮食管理政策的制

① 沈宗瀚：《沈宗瀚自述》（中），黄山书社 2011 年版，第 139 页。

② 沈宗瀚：《沈宗瀚自述》（中），黄山书社 2011 年版，第 139 页。

③ 沈宗瀚：《中国作物育种事业之过去现在及将来》，马保之编：《中国作物改良研究会议演讲集》，实业部中央农业实验所，1934 年，第 4 页。

定，并撰有专文论述粮食问题。① 沈宗瀚所扮演的角色也从过去较为单一的农学家逐步成为学有专长的农业行政管理专家，这也为他日后参与“农复会”积累了宝贵的行政经验。即便到了20世纪60年代担任“农复会”主委后，为了摆脱当时台湾农业所遇到的结构性危机，沈宗瀚仍将增加农业生产和扩大生产作为首要目标。

增产虽然是关键，但沈宗瀚的农业蓝图却没有局限于增产一隅，而是以增产为圆心，由近及远构建了一个比较完整的同心圆体系。在沈宗瀚看来，离圆心最近的当属自然环境和农业基础设施建设，这其中包括土地利用、水土保持、农田水利等事关农业发展的基本条件，这些也是实现科学农业的必备要素。继之则是农业技术推广和农业人才的培养，他们将是实施科学农业的中坚力量。

可见，沈宗瀚从农学家的专业眼光出发，着重于农业增产，点明了若要提振中国农村则必须首先解决农民吃饭问题（也就是温饱层面），这是解决农村其他问题的前提和基础。试想，如果农民连一日三餐都无法得到稳定供应，还遑论其他？应该说，沈宗瀚看到了问题的本质，其思虑毫无学究气，且充满了对农民处境和真实需要的了解之同情，也更接近现代农业的发展路径。

三、沈宗瀚与梁漱溟、晏阳初的分歧

沈宗瀚可谓中国近代思考中国农业问题出路的农学家代表，除此之外，尚有其他人物或流派从事有关的理论探索或实验设计工作，其中，梁漱溟和晏阳初各自主导的独具特色的乡村建设运动所产生的影响最为巨大。通过对梁、晏农业观的描述，可进一步理解沈宗瀚关于农业发展的关键在增产这一点。

---

① 沈宗瀚：《中国粮食问题》，秦孝仪主编：《抗战建国史料——粮政方面》（四），台湾文物供应社1988年版，第1~5页。

著名乡村建设活动家梁漱溟虽然并非农学专业出身，但这并未削弱他对中国农业问题的关注度，某种程度上，其身上所具有的传统知识分子的使命感还更加强化了他的热情。梁漱溟的乡村建设运动其实是他“中国文化本位论”的合理延伸，认为中国社会本质上是一伦理社会的梁漱溟也很自然地将伦理建构作为乡村建设运动的关键。美国著名汉学家艾恺（Guy Salvatore Alitto）研究后发现：“梁漱溟强调，无组织的中国农村要联合成为积极的有组织的团体，必须以理性和伦理关系为基础。”① 梁氏将20世纪中国农村的破败主要归咎于西方的冲击，“中国近几十年来的乡村破坏，完全是受外国影响”②，而他对于农村衰相所开的药方则是“从创造新文化上来救活旧农村”③，农村中原有的乡规民约也被认为是老道理而无须修正。简言之，“改良农业不是顶要紧的，办乡村教育也不是顶要紧的”，要紧之处在于“农民自觉”和“乡村组织”④。与沈宗瀚振兴农业需从科学增产入手的主张不同，梁漱溟的乡村建设侧重于文化伦理和农民内省。然而，古语所谓“仓廪实而知礼节”，梁漱溟就农业问题所发表的真知灼见好似中国儒生怀乡情结的现代版，颇具浪漫色彩。斯人已逝，沈宗瀚和梁漱溟所提出的不同主张虽无正确错误之分，但其适用性却也一目了然。毕竟，实践是检验真理的唯一标准。

与梁漱溟类似，另一位享有盛誉的乡村建设活动家晏阳初同样认为振兴农村对于中国来说乃是“民族再造”之关键。梁漱溟力主以新文化来复兴农村，而晏阳初则进一步具体化为以平民教育的手段来施救。

① 艾恺：《最后的儒家——梁漱溟与中国现代化的两难》，王宗昱、冀建中译，江苏人民出版社1996年版，第210页。

② 中国文化书院学术委员会编：《梁漱溟全集》（第一卷），山东人民出版社1989年版，第606页。

③ 中国文化书院学术委员会编：《梁漱溟全集》（第一卷），山东人民出版社1989年版，第615页。

④ 中国文化书院学术委员会编：《梁漱溟全集》（第一卷），山东人民出版社1989年版，第616页。

他认为中国国民性格中存有“愚、穷、弱、私”四大病，而农民因其人口庞大而成为这四蠹的重灾区。因此，晏阳初在其主持下的定县实验中有针对性地设计了文艺教育、生计教育、卫生教育和公民教育，试图通过这些专门性教育来改造农村和培育新农民。“所以我们要培养力量，还得从教育起始，有教育才能自动组织，有组织才能有自己的力量，才能有共同的力量，才能应付困难问题，创立新的生活方式，建设新的社会结构。”① 这一思想日后也随其带至“农复会”，晏阳初希望以此作为“农复会”工作的指导思想，但“农复会”最终采纳的却是沈宗瀚的建议——首先帮助农民增产。“农复会”同仁李崇道在接受访谈时曾就此忆述：“先填饱肚子，等赚了钱，再改进生活，这里面便有了先后顺序。”②

今天再回过头来审视沈、晏二公之间的分歧，两者只是从不同角度来观察当时中国农村的现状罢了，他们的主张其实犹如硬币之两面，互为补益。但若分轻重缓急，历史证明了沈宗瀚的坚持更加切合中国农村的发展实情。唯有先将“面饼”做大，才有可能以较为公平的方式进行分配。进而言之，沈宗瀚与晏阳初代表了两类不同留学生的哲学品性，以晏阳初为代表的留学生相信社会问题能有“一揽子”解决方案，而沈宗瀚等人则是卡尔·波普（Karl Raimund Popper）“零星社会工程”的信仰者，致力于科学改良和渐进改良。在这一点上，沈宗瀚或许没有梁、晏二位高远宏大，但却更加务实、有效。

四、探索工业化进程中的农业发展之道

农业与工业化之间的关系既是发展经济学研究的重要主题之一，而

---

① 宋恩荣主编：《晏阳初全集》（第二卷），湖南教育出版社 1992 年版，第 581 页。

② 黄俊杰访问、记录：《台湾“土改”的前前后后：农复会口述历史》，九州出版社 2012 年版，第 78 页。

且也是任何一个试图推动工业化的国家或地区必须予以解决的问题。纵观世界历史，那些能够较好地处理两者关系的国家不仅顺利实现了工业化，而且也成功改造了其基本特征为“向农民世代使用的那种类型农业要素投资的低收益率”① 的传统农业。与之相反，以苏联为代表的部分国家由于未能在农业发展与工业化进程这对矛盾中找到平衡，即使它们的工业化在某个时期内的某些部门中取得令世人瞩目的成就，但滞后的农业发展始终如“幽灵”般困扰着这些国家，最终导致它们的工业化无以为继，甚至对其社会制度的运转产生全局性影响，这也说明了“即使在产业革命之后，农业对工业化和现代化深入发展的制约作用，也十分明显”②。

在台湾地区的工业化进程中，以 1964 年为界，“农复会”在蒋梦麟的领导下参与筹划和推动了台湾 20 世纪 50 年代初期的土地改革、农会改组等一系列涉及农村生产关系的新型产权界定，释放了农村生产力，刺激了农民的生产积极性，较好地扮演了农工之间的中介角色。通过这些举措，台湾农业不仅自身获得发展，而且也为台湾工业化提供了资金和劳动力支持。“台湾农业的发展对整体经济，尤其工业的恢复发展有着巨大的贡献。台湾农业在充分供应工业原料的同时，又大量出口以换取岛内较为短缺的工业原料”③，这一时期也是抗日战争胜利后台湾农业发展的黄金期。但细加追究，台湾农业所取得的发展除了得益于美国援助外，也与农业自身的定位有关。“也就是说，农业部门的种种建设基本上是为了工业部门的发展而设计。”④

到了 20 世纪 60 年代中期，由于工业化而来的虹吸效应，大量农业

---

① 西奥多·W. 舒尔茨：《改造传统农业》，梁小民译，商务印书馆 2006 年版，第 2 页。

② 周其仁、杜鹰、邱继成：《发展的主题——中国国民经济结构的变格》，四川人民出版社 1987 年版，第 3 页。

③ 张海鹏、陶文钊主编：《台湾史稿》，凤凰出版社 2012 年版，第 459 页。

④ 黄俊杰：《农复会与台湾经验》，台湾三民书局 1991 年版，第 147 页。

劳动力转入非农领域，农村中的人地比例大幅下降，台湾农业发展中的深层次结构性难题日益凸显。也正是在此危急情势下，沈宗瀚接替于1964年病逝的蒋梦麟出掌“农复会”。由于外界环境的变化，蒋梦麟时期台湾农业发展的春天已成昨日，沈宗瀚面临着如何破解在工业化已见成效的台湾社会中使农业不被边缘化和农村不至空洞化的历史难题。台湾工业化的历程其实也表明了农业本身所具有的“动态”特性——它除了能为工业化服务外，一旦其发展受阻，其对工业化也必将产生难以想象的负面效果。

依循在大陆时的思考路径，沈宗瀚强调从制度和技术这两方入手来寻求台湾工业化进程中农业发展的合理道路，这本身也是思想发展和思考延续的体现。就制度而论，其一，沈宗瀚在尊重市场规律的前提下着重于农业内部的结构调整，力争农业生产的链条化，从农业生产各环节中牟取制度红利。包括以下几项具体措施：设法扩大农场面积，防止农地再分割，使农场经营既有效而又合乎经济原则；健全市场机制，减少中间盘剥；提高储运与加工效率；注重自由价格政策，尤以国际价格为准，使农民对市场波动能够快速感知；降低农产品生产成本以刺激国内消费；促成大学农学院、农业职业学校和农技推广机构这三者间更为紧密的联系。沈宗瀚一直提倡科学增产，并注重从“大农业”的角度去审视国民经济结构中农业的地位和未来发展趋向，而他对于经济规律的尊重也保证了农民始终能够参与市场竞争，农民从中所获得的利润也成为刺激他们辛勤劳作的最佳补偿。

其二，沈宗瀚于1971年明确提出政府应以工业力量反哺农业发展，支持农业现代化，实现农业与工业、金融业、贸易之间的配合发展。在技术创新方面，沈宗瀚大力提倡农业机械化，认为在前述制度创新的基础上若能辅以现代农业机械，将不仅使农民从繁重的体力劳动中进一步解放出来，而且也更能提高人力资本的使用率和农业生产效率，这也将有利于从整体上更新农民的旧有观念和改善农村原有社会结构，有效衔接农村与城市，从而形成城乡整体一元发展的良好新局面。

第三章　邹秉文的中国农业发展方略述评

对中国来说，自古即是以农立国。不论历代君主的江山社稷还是古圣先贤的蓝图擘画，农业的支柱性地位不言而喻，其不仅是国家财政赋税的一大来源和“人类生存的经济基础”①，而且也事关政权巩固（长期推行重农抑商政策是为典例）、人心安定和百姓（其中的绝大多数为农民）日用。如明朝皇帝每年都要参加的“亲耕”仪式和阴历十一月向全国颁授次年日历，以便臣民“知道何时可以播种谷物，何日宜于探访亲友”②，更不用说孟子理想中的“五亩之宅、树之以桑”③和民间戏曲诗文中所流传下来的“你耕田来我织布，我挑水来你浇园”式生活状貌，所反映的都是一副农业社会中的田园牧歌式画卷。

中国古代农业发展受制于多方因素的综合作用，如政府政策、人口增殖、天气优劣、土地多寡和腴瘠，虽有美洲作物传华所推动的食物结构变革以及受其影响之下的明清两代人口增长，数千年来的农业发展却一直处于“有增长而无发展”的“高水平均衡陷阱”之中，也就是“前近代的技术顶限”④（had hit a pre-modern technological ceiling），形

---

① 孙翊刚主编、陈光焱副主编：《中国赋税史》，中国税务出版社2003年版，第1页。

② 黄仁宇：《万历十五年》，三联书店1997年版，第4页。

③ 朱熹：《四书章句集注》，中华书局1983年版，第212页。

④ 王利华：《中译本序言》，伊懋可：《大象的退却：一部中国环境史》，梅雪芹、毛利霞、王玉山译，江苏人民出版社2014年版，第5页。

成黄宗智所说的“内卷化的现象”①（或曰“过密化”），难以持续。两相比较之下，海道大通以来，特别是自近代以降，农业的重要性及其所处内外部客观环境的复杂性、艰巨性、多元性可谓前所未有，主因端在完成现代化这一中国近代战略目标的同时还得实现农业自身转型，并理顺与其他产业之间的关系，而如何解决这一难题也就成为关键锁钥。

放宽历史的视界，世界各国的现代化进程其实都面临着如何既要大力推动工业化，又得为提升农业品质、转移和安置农民、实现农村城市化而努力这一“双元”使命。且两者犹如硬币之正反两面，须臾不可分，绝非简单的“基础”和“反哺”就能全盘概括。作为先发国家的英美如是，包括中国在内的后发国家同样如此，这也就是“工业化过程中农业与工业之间的调整问题”②。即使能在一定时期内取得工业化的高速发展（这确实有必要），但无数铁的事实却也一再说明农业滞后将终究导致一国社会经济整体而长期的落后，并反过来影响工业化的可持续健康发展。

就此而论，不论是学者所慨叹的“读懂中国农业不容易”，还是政府层面所需的建言献策，中国近代农学家有关中国农业发展的诸多论述当可作为欧美各国已有经验之外的又一方“明镜”。如果说对于后者的挪用属于“拿来主义”，那么，前者则是兼具中西双重学术背景的那一代农科知识分子立足中国国情而对彼时发达国家农业现况甄别吸收后的产物，某种程度上其实更具学理价值和现实可操作性。邹秉文先生（1893—1985）就是这样一位杰出的农业问题专家，其对中国农业发展方略的前瞻性思考仍不容忽视，有着重要意义。

---

① 黄宗智：《华北的小农经济与社会变迁》，中华书局 2000 年版，第 6 页，

② 张培刚：《农业与工业化》（上卷），华中科技大学出版社 2009 年版，第 1 页。

一、中国农业问题的症结所在

有关任何一个中国问题的探讨，见仁见智、各抒己见，实属正常现象，这一来反映了中国问题本身的复杂性、多面性和繁难性，故难以通过某种整全性理论通盘概括之，二来也是近代中国特殊历史进程的体现。进而言之，不论是哪一阵营，手段或有各异，最短时间内实现富国强兵却是最大公约数，这也就不难理解救国之策在从鸦片战争以来直至20世纪上半叶的急遽变迁过程中，为何会如此异彩纷呈、百家争艳，几近眼花缭乱，具体到农业问题也同样如此。

对于今天的国人而言，大浪淘沙、洗尽铅华，表层浪花散尽之后仍值得沉潜把玩的其实还是那些脚踏实地、心平气和、就事论事而得出的持中允和之说，它们少有高调，却也实实在在。应该说，邹秉文以及当年那些致力于推动中国农业进步的仁人志士们就是其中难得的实干者，即使内部也还是有不同观点之间的交锋，但好在各自尚能秉持最低限度的尊重和宽容（其实也是默认了自身知识的局限与不足），这也使他们的“号脉”贴近实际，显得更为“中国化”。

（一）“平教派”与“农业派”的分殊

台湾大学历史系教授黄俊杰先生曾将近代学人就中国农业发展道路所做的探索分为“平教派”和“农业派”两种不同类型。在他看来，前者认为中国农业发展的最大阻碍来自于“农民之缺乏知识”，故在农村推行扫盲运动和识字教育就甚为重要；而包括邹秉文在内的后者则“多为留美研习农业科学的专家，他们一般认为中国农村以及农业问题乃是农业生产力的问题，而欲提高生产力以养活庞大人口则必需自改良作物品种，提高工作技术水准入手”①。

① 黄俊杰：《历史与现实》，台湾汉新出版社1982年版，第339页。

不论“平教派”还是“农业派”，总体目标其实并没有什么不同，即都是努力推动中国农业“从传统式农业到现代化农业”① 的转型，只不过两者侧重有所差异，而且也并非壁垒分明。平民教育与农业改良实为一体两面之关系，或者说，它们更多的还是实施次序和效果快慢的区别，对中国农业的长远发展无疑都很重要。“平教派”旗手晏阳初（1890—1990）的定县实验就很重视“家畜饲养与管理”“农艺学”（重点放在棉花改良）② 等技术改进工作；而即便是作为“农业派”代表的邹秉文以及同一时代的章之汶（1900—1982）、董时进（1900—1984）、沈宗翰（1895—1980）、钱天鹤等人，其实也都高度重视农业教育，并不是单纯的技术论者。

（二）邹秉文的“诊断”

当然，由于个人经历的不同，在对中国农业进行具体分析时也会呈现多元论述和不同意见的格局，衡量关键在于是否能够深入中国农业肌理，找准其病症所在，而非大而无当式颟顸议论，看似包治百病，实则无一疗效可言。也就是说，首先需要明确的是问题到底出在哪，这是接下来提出具有针对性意见（类似于医生开药方）的必要条件，否则，“头痛医头、脚痛医脚”，不得要领。那么，邹秉文对此所开的诊断意见书又是如何？

在仔细研读邹秉文现存文献中的有关论述后，兹以为，“中国事业，关系于最大多数人民之生活者，厥为农业”和“今日欲解决人民生活，首应注意改良农业”③ 这两句话最能概括他的基本主张，这也印证了前述“农业派”的思想倾向——中国农业通过科学改良是可以取

---

① 黄俊杰：《沈宗瀚先生年谱》，台大出版中心 2016 年版，“导论”第 6 页。

② 宋恩荣主编：《晏阳初全集》（第一卷），湖南教育出版社 1992 年版，第 268 页。

③ 邹秉文：《解决大多数人民生活之方法》，《生活》1927 年第 16 期，第 101 页。

得进步的，农业首先是一门现代科学。以此为前提，邹秉文认为中国农业发展的症结在于“奈农人不学无术，只知墨守成法”，“政府又徒知按亩征税，而不为农民力谋进步”和“即间有极少数农校农场，究以无办法、无人才，对于农民，不能有毫末之补助”，最后便导致“产额日渐减少，品质日趋恶劣”，“顾犹欲于世界商场高树一帜，与世界农产品相竞争，鲜有不渐受淘汰者”。①

以今天的话来说，邹秉文的上述言说包含了三层意思：其一，中国农民种地主要还是靠山吃山、靠水吃水式经验传承，仍为传统式，几与现代农业科学绝缘；其二，当时的政府也仅仅把农业和农民视作税收来源，只是予取予求，而未能有效反哺，更谈不上政策保障和补贴照顾；其三，大多数农业学校的教研成果与农民实际生产相脱节，不着边际，难以衔接田间地头，而自身也并不具备雄厚实力，以培养农业所需人才。

若进一步从“大农业”（即包含农业、农村和农民）的角度来看，邹秉文将中国农业在发展过程中所遇到的问题归总为三大方面六小点，分别为经济领域的农村资金不足、农村买卖萧条、农业技术落后；社会层面的农民散漫无组织且日渐崩溃，农民的教育、卫生等社团事业无法跟上时代，政治上的农村自治不彰。不难看出，邹秉文的“诊断”乃从农业发展所需的人、财、物主客观条件着眼，最后落实至政府、农民和农业学校等相关责任主体。换言之，要推动中国农业的实质性进步，使其彻底摆脱落后局面，就务必得从这几个方面同时切入，并实现三者之间的相互配合。

二、农业建设的邹氏方案

在《中国农业建设问题》一文中，邹秉文就农业建设蓝图所做的

① 邹秉文讲，宋必端、赵孝清记：《农业与公民》，《农业丛刊》1922年第3期，第6页。

论断可谓切中肯綮、一语中的，其认为“我国农业之改进，实为经济建设之基本，过去之未能赶上时代，全由于农业上各种问题，均无健全之组织与专家研究设法解决之，故今后农业发展之动向，首先在如何健全农业机构，及如何训练人才，如何准备必须工具三要点”①，这与上文所述意旨可以说是基本吻合的，且有“顺着讲”和“接着讲”之意。当然，需要说明的是，农业建设牵涉面极广，绝不仅仅就是这几个方面而已（只是它们所起作用更为显著），而邹秉文的农业建设方案也确实气象宏大、包罗万千。概而言之，主要涵盖以下诸要点。

（一）目标之设定

对于任何一个综摄全局的整体方案来说，目标之设定甚为重要。

要而言之，设定什么样的目标及其是否得当一定程度上可直接关系到实施后的最终结果，目标设定是否科学、合理而实事求是，也将对各项计划的落实产生重要影响，并顺带与外在条件之保障形成关联互动。一旦所定目标与实际情形不符，必将导致条件提供者或机构陷入困境，无法展开，也将使农业建设进入“死胡同”，难以走上正轨。因此，一个好的农业建设方案无疑“应有明确之目标及达到各目标之计划”②，此目标既需高屋建瓴式蓝图描绘，甚至予人想象，更要有较强的现实可操作性，在可预期之内能够稳健推动，日见成效，从而“积小胜为大胜”。

邹秉文将中国农业建设的总目标定为“增加农业生产——尤其是衣食与对外贸易相关的农产品”③，其下又细分为三个层次，分别为

① 中国农学会、华恕主编：《邹秉文纪念集》，农业出版社1988年版，第33页。

② 邹秉文：《抗战期中吾国农业设施方案》，《新闻杂志》1938年第5号，第16页。

③ 邹秉文：《抗战期中吾国农业设施方案》，《新闻杂志》1938年第5号，第17页。

“全国农业生产自给自足”“增加全国农民收入”和“发展农产品出口贸易以争取外汇”①。在与章之汶所合写的一篇文章中，两人一致认为农业建设的最终目的不仅在于“增进农业生产，改善农民生活”，而且还要“减少农民数目，提高国民文化水准”②，此处实已涉及农村城市化和农民现代化等议题，明显能够感受到邹秉文在农业之外的“大关怀”。

（二）计划之草拟

三大目标既定，一一对应草拟计划细则，以便落实也就顺势而为。

在“全国农业生产自给自足”项下，邹秉文从高效利用土地资源和发展多种经营入手，制定因应对策。具体涵盖有效利用全国土地及保持土壤，大力开垦全国荒地，务求提高单位面积产量，积极发展畜牧、森林、水产、园艺和衣被原料等八个方面的措施。不少论述极为超前，如“故利用土地，保持水土，为改进农业之第一要图”，“牲畜既为农场动力与肥料之来源，而其乳肉及家禽产品之供应，尤关国民之健康，是故牲畜及家禽之改良与增产，颇为重要”，“为增进国民健康计，自急宜改良蔬菜与果品，并广事栽培”。③

至于如何“增加全国农民收入”，邹秉文首先论证农民收入多少之于消费市场和国内建设的重要性，指出“收入不增，购买无力，大多数人民贫乏，一切建设即无由推进，是所谓民不能富，国不能强”④。继而提出扩充全国耕地总面积和每家农户的耕地面积；改进垦荒设备和改良农具；改善农业金融制度；普及合作组织；鼓励农村副业生产；转移农业人口；增加一般农业品之生产效率和限制农田再行分割等因应

① 邹秉文：《中国农业建设方案》，《中央周刊》1946年第1期，第7页。

② 邹秉文、章之汶：《战后我国农业建设》，《中华农学会通讯》1943年第28号，第2页。

③ 邹秉文：《中国农业建设方案》，《中央周刊》1946年第1期，第7页。

④ 邹秉文：《中国农业建设方案》，《中央周刊》1946年第1期，第8页。

策略。

农业发展既有助于国内农民收入的提增，也能通过农产品出口贸易为国家争取所需大量外汇，抗日战争期间的主要农产品出口对于国内持久抗战所起的作用尤为明显（如著名的“桐油借款”就是例证）。这当然也是中国工业极度落后的无奈，“中国以农立国，工业复在幼稚时代，其对外输出商品，自不能不以农产物为大宗”①。

职是之故，邹秉文的农业建设方案中也就非常注重棉花、蚕丝、茶叶、桐油、大豆等经济外销作物的增产和改进工作，特别是棉花在他心目中的地位最为“尊贵”。“将来我国对外贸易，纱布的地位是最主要的，茶与丝已渐渐没落，而且棉花的经济价值，不仅纤维之利用而已，棉籽工业的发展，一定更有希望。”②

（三）条件之保障

与传统农业主要依靠经验的传承与积累不同，现代农业是科学农业，而农学也是以物理学、化学和生物学等基础学科的发展为前提。与之相应的是，任何一个国家的农业已不单单只是农业生产，说它是高度复杂的系统工程也不为过，因此其发展也就需要来自外部多个方面的条件保障。在邹秉文的方案中，这些条件具体包括行政组织、人事选拔、经费划拨和科学应用。

“此种组织有属于中央政府者，有属于各省政府及县政府者，职掌自宜分明，彼此间尤须相互联系，如身之使臂，臂之使指。”③ 邹秉文非常强调农业行政组织的作用，主张全国农业分区（可划为八大农区：东北区、黄河平原区、黄土高原区、新疆区、长江下游区、两湖区、东

① 邹秉文：《过去一年间中国农产物之输出入》，《中华农学会报》1931 年第 84 期，第 43 页。

② 邹秉文：《棉产改进事业之今昔观——出席本届工作检讨会议讲演》，《中国棉讯》1948 年第 6 期，第 94 页。

③ 邹秉文：《中国农业建设方案》，《中央周刊》1946 年第 1 期，第 12 页。

南沿海区和西南区）；侧重于从农业发展视角完善中央农林部内的二级主管部门设置，即除总务司外，另配农业推广司、农业管制司（负责国际、省际农产品的进出口和运输检验）、农业经济司、国立农事试验场及各农区分场、农业图书馆及八大农区分馆，使其肩负全国性的基础研究、综合推广和检验监管这三大功能；各省农林厅则可适当减少研究部分，设置总务科、农业推广科、农业管理科和农业经济科而与中央农林部相匹配；各县则务必保证必须得有一个农业推广所（以推广为主，工作人员由农科大学生充任）；建立中国农业金融组织，服务农村金融，便于资金流通和农民借贷，以活络广大农村市场。

“所谓人事制度之优良，不外乎两字，曰精曰专。所谓精者，精选人才，不以政治及私人关系，影响为国求才之大计。所谓专者，使之久于其事不以长官之更替，影响职员之进退是也。”① 回归基本面来看，邹秉文前述这段话突出反映了其注重农业发展的专业性这一“农业派”特征。所谓专业性，也就是职员的科班出身和优中选优，尽量摒除政治干扰，少些论资排辈，且宜稳定中低层事务性职员，确保他们的工作积极性和升迁机会，不能因“长官”易位而遭大面积裁汰。略微熟悉西方文官制度者皆不难厘清邹秉文思路中的美国痕迹，他对此也直言不讳：“我国农业建设若求其有成绩，必须采用美国农业用人方法，以精与专之原则，立定制度，切实执行，务将从业人员精选进用而久于其任。”②

理顺从中央至地方的各级农业行政组织，并选拔最为优秀的人才使其学有所用，这两方面工作要自如运转都必须拥有充裕的经费保障。“农业建设，有政策，有计划，有组织，有人才，尤必须有经费，而后一切始可实现。”③ 根据推算，邹秉文认为日后农业建设经费大致“30倍于昔日”，约当抗日战争爆发前之币值9 700万元。而南京国民政府在

① 邹秉文：《中国农业建设方案》，《中央周刊》1946年第1期，第16页。
② 邹秉文：《中国农业建设方案》，《中央周刊》1946年第1期，第16页。
③ 邹秉文：《中国农业建设方案》，《中央周刊》1946年第1期，第17页。

“黄金十年”建设期（1927—1937）尚未能够做到这一点，抗战胜利后的残破现实以及很快来临的战争重压使其根本就不可能将本就有限的资金投向农业，“对国民党来说，战争使它在农村地区付出的政治代价是昂贵的”①。

对于有过留美经历的邹秉文来说，科学应用之于农业建设至关重要。对此，他从四个方面明确提出应用科学以协助农业进步——“应用科学以改良动植物种类也”，“应用科学以防治动植物之虫病也”，“应用科学以制造肥料也”和“应用科学以改良农具也”②，并大声疾呼和吁请政府须尽速担起责任，做好农业发展所需各项基础设施的配套：疏浚交通，兴办工厂、置备必须工具（如兴办硫酸亚化学肥料厂、农具厂和杀虫杀菌药剂厂），尽速培养农业工程师（“中国的工业化，只有在农业工程师们为农民提供充分的农具和机器以适应变化了的情况的条件下，才能为农业造福”③）。

三、高度重视农业教育

晚清时期的中国，社会危机日益深重，加之传统农业自身面临的巨大压力与多方挑战，不论是学界还是政界，上自孙中山、梁启超等社会知名人士，下至普遍学者和一般关心农业者，农业教育都是热门话题。在此背景之下，大力兴办农业教育，努力提升教学质量和科研水平，并最终服务于实际农业生产和农村复兴被视为兴农、富农的根本之道。前述“平教派”和“农业派”之间其实也并不存在难以调和的矛盾，而他们的理念又实有相互渗透之处。

① 易劳逸：《毁灭的种子》，王建朗、王贤知译，中国青年出版社 1989 年版，第 89 页。

② 邹秉文：《科学与农业》，《科学》1919 年第 7 期，第 616~620 页。

③ 中国农学会、华恕主编：《邹秉文纪念集》，农业出版社 1988 年版，第 39 页。

邹秉文既以农业问题专家闻名于世，其中国农业发展方略又怎能少了农业教育的位置？事实上，不仅没有缺，农业教育自其青年时代起就始终萦绕于他的脑海之中，且对此问题他有着大量而丰富的思考。

（一）农业和农业教育的重要性

先行分析他对农业和农业教育重要性的论述。

有别于数学、物理和化学等专业，农学是应用性学科，以基础理论的进步为前提要件，有着很强的实用性。与之相应，也就不同于其他理论性学科教育，农业教育是直接面向农业生产和整个国家的农业发展，其特点之一即“为国家培养农业建设人才”①，而且还得大量出人才，以满足现实的迫切需要。这不仅是时下党和政府从政策方面对农业教育所做的定位，也是邹秉文等民国学者有关农业教育在整个农业建设框架中应有地位的基本看法，而他们的出发点主要还是农业之于中国社会经济的极端重要性，这其中既有历史的承袭，也不乏现实国力对比下的清醒认识和理性选择。

邹秉文那一代人其实已经充分意识到中国数千年来已经形成的农业传统，以及农业在当时国家财政赋税比例中所占份额之高究竟意味着什么。

在这方面，早在20世纪20年代初期的有关文字中，邹秉文就已表达过类似意思，如“想要改造中国，根本上要向农民运动”②，“吾中华民国之最重要实业为何？曰始自农业以至于今日未有易也”③。此后于正式出版的《中国农业教育问题》一书中就农业与国家经济之间的关系说得更为简明、直接，“吾国自古以农立国，今日全国人口四万万

① 赵华夫主编：《农业教育学》，山东省出版社总社泰安分社1988年版，第1页。

② 邹秉文：《今后的农业教育》，《农声》1923年第5期，第76页。

③ 邹秉文讲演、李杰记录：《读诸先生农业教育意见书书后》，《教育与职业》1921年第25期，第1页。

中，有百分之八十五业农，国家岁入赖以供给海陆军费、教育费、实业费、行政费者，其总数二分之一出于田赋”，因此，“故为大多数人民谋幸福计，为增加岁入计，为扩充对外贸易计，为吾国工商业前途计，均不能不积极地提倡农业”①。

根据前文所述，“农业派”的思路即在于认定中国农业要想获得实质性发展，就必须得依靠科学改良，而农业改良的实践则需要大批接受过各级各类农业教育者来具体落实和推动，以达到传播知识、推广技术、训练农民、整合乡村的目的。邹秉文也因此才说：“农业改良，在今日实已不容再缓，而欲改良农业，必先有适当之人才”，而农业教育的主要目的就是“造成各种农业人才者也”，以服务于农业建设。②

（二）农业教育所存在的不足

归根结底，农业教育的宗旨不外乎“辅助农民，改良农业，发展农村”③ 三项。应该说，自民国初年以来，中国农业教育在历尽艰辛中确也取得不俗成绩，进步明显，如“高等农业教育之渐见发展”，“社会官厅渐知注重农业教育”，“农学者对于教育制度研究之热心”和“农校渐知其惟一天职乃为农民服务”④。但较之那些仍然困扰和阻碍农业教育继续前行的“老大难”问题，这点已有成绩在邹秉文看来十分微不足道，未来要走的路依旧很漫长。

揆诸当时中国农业教育的现状，邹秉文将其所存在的问题总结为以下三个方面：

其一，农校课程太过普通，难以造就农业专门人才。众所周知，农

① 邹秉文编：《中国农业教育问题》，商务印书馆 1923 年版，第 1 页。

② 邹秉文编：《中国农业教育问题》，商务印书馆 1923 年版，第 1 页。

③ 过探先：《农科大学的推广任务》，《新教育》1922 年第 1~2 期合刊号，第 137 页。

④ 邹秉文：《民国十年之农业教育》，《新教育》1922 年第 2 期，第 234~235 页。

业所涵盖的范围广泛，计有作物、园艺、畜牧、土壤、肥料、农机、昆虫、植物病理等类别，任何一个人至多在一两个方面能够称得上专家，其他领域其实也不见得具备同样的知识储备，因此，“吾国农业国有改良进步之一日也，则无论农校农场，非用专家不可”①。

简言之，邹秉文意在强调农场技师或农校教员所担负的主要工作（课程）应与其所学专业大抵相符，不能相差太大，而农校课程体系除了英文、数学这样的基础课之外，不宜将战线拉得过长，使本已有限的专业学习时间平均分布于各门课程之中，而应在兼顾全局的基础之上突出重点科目（如园艺、作物、植物病理）。唯有如此，教师的教学与研究才能相互配合、专精于一，而学生亦能根据自身兴趣和知识积累集中精力于主要课程的学习，最终成为某一门类的专家。

其二，教员担任科目种类太多，也难造成专门人才。农科学生既然需要修习大量课程，势必要求得匹配足额足质的教师，而后者不论数量还是资质在当时都实难满足，两者之间的矛盾必然会导致农科教师的授课任务过多过重，疲于应付。一方面严重挤压农科教师的研究时间，另一方面，反过来其也就很难改进教学质量，提升科研品质，多数最后成为“教书匠”，不过只是外国理论的传声筒而已。

此外，囿于教育行政部门有关专任教员每周上课时数必须达到18小时之规定，农校教师不得不大量代课，即使某些课程已然超出所学方向，也非自己研究擅长亦无妨。长此以往的结果即是：教师的专业棱角被渐次磨平，好似每门课都能教，但都不精，无一不是“通论”和“概说”性的“大课”，具备一定深度且站在学术最前沿的专题讨论课则付之阙如，难成一家之言，也就更难指望这样的教师能够培养出一流学生。

其三，农校轻视实习，只重理论，农科学生的实习时间太少，不能造成专门人才。农学是应用性科学，有赖于基础知识的学习并结合实验

① 邹秉文编：《中国农业教育问题》，商务印书馆1923年版，第3页。

室中的反复检验，否则极易导致学生动手能力欠缺，这也就是邹秉文所说的“而农学与农业，始终未能沟通”①。董时进也曾痛陈农业教育中所存在的“教材问题”“农校增设科目问题”“农校分工问题”“实习问题”这四个方面的弊病，而其对“实习问题”的描述可谓不满中又透着几许无奈——“学生只为点名而来，数分钟后，即鸟兽散”②。

（三）如何改进农业教育

既然存在“短板”，又如何补齐并进而增强呢？邹秉文根据初等、中等和高等这三个层次农业教育的不同面相和特点，提出如下改进办法：

首先，邹秉文并不看好初等农业教育（对应于“乙种农校”）的发展前景，关键在于“初等农业教育是普及农业知识的教育，不是准备以农为业的教育”③，力主撤废，或另行改革，可将部分功能移至已有乡村小学，使其兼具农事改良之能力，也能借此召集农村子弟，给予必要的训练和指导。中等农业教育（即“甲种农校”）则应少些基础研究，多些推广实践，教师可分作教授和推广两个部分，少些理论，多些实在责任，部分中等农业专门学校甚至可改为乡村师范学校，以造就农村小学之农业教员。

其次，较之初中等农业教育，作为全国农业教育层次中最高的农科大学，使命则是重在研究，以其丰硕成果交付中等农业学校和乡村小学校推广应用。“农科大学为改进发展全国农业之总机关”④，具体任务在于造就农业领袖人才和研究专家，实行推广实业或是成人农业补习教

① 邹秉文：《划定中等农校经费办理模范农业之必要》，《教育与职业》1924年第60期，第568页。

② 董时进：《中国高等农业教育的几个根本问题》，《中华农学会报》1926年第51期，第14页。

③ 过探先：《什么是初等农业教育？》，《新教育》1922年第5期，第723页。

④ 邹秉文：《实施全国农业教育计划大纲及筹划经费办法》，《中华农学会报》1922年第8期，第2页。

育，襄助改良中国农业及在农村生活之组织。

再者，每个省要有一所农科大学，各农科大学之间也要有明确分工，而不必样样俱全，所有涉农专业都一一开设，因为既没有如此之多的充足经费，也是为了避免浪费，可以根据学校所在地的区域特征选择一二学科作为主攻方向，从而形成全国性农科大学—区域性农科大学—省立农科大学之间自上而下的金字塔结构。

四、余　论

综上所述，邹秉文有关中国农业发展的方略结构相对完备，条理也较为清晰、严密，不失为一个可供参酌的建设大纲，但这显然只能在国内外环境相对安定，总体国力可堪支应的承平时期方有可能落实和践行，而20世纪上半叶的中国内忧外患，战乱频仍，少有和平安宁之际，并面临国外资本主义农业的强劲冲击和激烈竞争，中央和各地方政府尚自顾不暇，更遑论需要大量人财物投入，且短期内见效甚慢的农业建设。只能说，邹秉文已经准备好了蓝图，可时代却并未向他提供一展身手的良机，殊为憾也！

第四章　王绶的中国农业研究及其开创意义

在 20 世纪上半叶灿若群星的中国农学研究领域，著名农学家、农业教育家王绶是其中极具代表性的一位。然而，囿于多方原因，其生前学术成就迄今仍未得到应有关注，相比于他当年的那些同学、同事乃至学生，简直可以说是遭受冷遇。① 之所以会造成如此局面，笔者认为主要源自以下三个方面的主客观因素。

其一，应该说与他在中华人民共和国成立以后奉调进京，参与农业行政与管理，司职全国粮食生产工作不无关联。这意味着王绶离开金陵

① 令人遗憾的是，时至今日，尚未有专文论及王绶的农业研究及其学术思想，仅有的一些文字材料也多为省市地方志或校史论著中的编年叙述，甚至有些文献中的记载还存在谬误，而从 20 世纪中国农学史长程视角对其一生事功所做的定位和评价则付之阙如，更谈不上纪念性文集的编纂、出版，其生前主要著作自改革开放以后即未曾再版，这一切都使他在相当长的时间内湮没不闻，被人遗忘，似乎成为农学史上的“失踪者”和“失语者”。相比之下，有关学校近年来不仅编纂了近代农学界老辈学者中的过探先、丁颖、邓植仪等人文集（可参见南京农业大学编：《过探先先生纪念文集》，南京农业大学，1994 年；何贻赞、李心光、谢贤章合编：《丁颖、邓植仪农业教育论文选集》，华南农业大学出版社 1992 年版），年龄与王绶相仿者如邹秉文、章之汶也都已有纪念性文集行世（可参见华恕主编：《邹秉文纪念集》，农业出版社 1993 年版；李扬汉主编：《章之汶纪念文集》，南京农业大学，1998 年），即便是兼有晋籍同乡（山西运城临猗县人）、金大农学院校友（农经专业毕业）和日后担任山西农学院副院长（主管学校后勤工作）这三重身份的乔启明，也因其精湛的农业经济和农村社会研究与时下“三农”问题之间的联结而受到学人瞩目，《乔启明文选》（社会科学文献出版社 2012 年版）的出版即可说明。

大学（简称“金大”）这一“根据地”，不再是民国期间享有极高声望的金大农学院一员，自此脱离高校教研一线，退居幕后，由“实”转“虚”。其二，自1958年返回桑梓，担任地处太谷县①的山西农学院②院长一职至其去世之日，王绶生命中的最后十五年就在此度过，学术平台的急剧下降加之地理区位的巨大劣势，都使他在今天这样一个功利时代很难引起他人注意或被后人有意识地挖掘。其三，或许也正因为时局世情之故，身处山西的王绶再也未能像任教金大农学院时带出一批优秀学生，而其学术成就主要是在金大农学院工作时取得的，少了弟子乃至再传弟子的香火传承，学术脉延的中断也就在所难免。

借助于数据库③检索之便，笔者编辑与整理《王绶文选》的过程也是对其主要篇章的研读，深感其农业研究以及背后所折射的学术关怀之于当下依旧保有参考价值或借鉴意义，故撰此文，以飨读者和学界同行。

一、生平事略和学术历程

王绶，字佩卿，1897年4月1日生于人杰地灵的山西沁县（今属长治市）乌苏村，曾祖父王省山（字仲巡，号松坪）乃清代南京名官，曾任江宁县令，现有《菜根轩诗钞》一稿15卷存世。④ 祖父王嶷、父亲王之鉴分别是举人和秀才出身，前者去世较早，后者以乡村私塾教师为业，因家道中落，迫于生计，也不得不下地耕田，劳作谋生，虽已不

① 行政区划隶属山西省晋中市，距省垣太原约70公里。

② 该校前身是孔祥熙创办于1907年的铭贤学校，农科乃其特色，1979年更名为山西农业大学，并沿用至今。

③ 主要依靠全国报刊索引数据库、大成老旧期刊全文数据库和读秀学术搜索，只要是王绶公开发表的论文或文章，都能通过数据库一索即得。需要说明的是，由于是省管干部，王绶的档案归山西省委组织部收藏，一般人很难看得到。

④ 张晓林：《王省山年谱》，吴广隆、马留堂主编：《菜根轩诗钞》，山西人民出版社2007年版，第330页。

复往昔荣华，但亦是典型的中国传统耕读之家。童少年时期的王绶跟随父亲开蒙授学的同时，亦需协助农事，可谓其终生服务农业之始。①

清季十年，国中动荡，诸事纷扰，新旧并陈，尤其是科举废除，波及甚广，旧学之外的新学（实为西学）渐成风尚，待至民国肇建，清帝逊位，以教授和研习现代科学为主的各级新式学堂逐步取代往日书院所享有的隆崇地位，不论基于未来生计打算，还是出于家族脉延考量，身处时代转圜之际的个人更多也只能勉力适应。王绶先是进入县城高小就读，而后于 15 岁时入读太原省立第一中学，并于 1916 年考取山西大学校预科。② 三年之后（1919），得益于阎锡山所推行的“农本政治”，王绶、乔启明、郝钦铭、孙文郁四名预科优秀毕业生以公费名义保送前往南京金陵大学农林科③深造。④ 经过四年的学习，王绶于 1923 年毕业，获农学士学位，并留校任教。

不难发现，王绶这批人属于后五四一代知识分子中的“前一批”（1895—1910 年间生人），也就是五四中的学生辈，较之晚清一代和五四一代的“通人”，他们的知识储备和涉猎领域大幅压缩，不再追求贯通式庞博，而是已经自觉作为大学系科体制之下“知识分工相当明确

---

① 钱伟长总主编：《20 世纪中国知名科学家学术成就概览（农学卷）》（第一分册），科学出版社 2011 年版，第 213 页。

② 1912 年 2 月，原山西大学堂改名为山西大学校，学制分为四年制本科和三年制预科两种，前者设文、法、工三科，其下又进一步细分为门，如法科法律学门，而后者则有第一部（文）和第二部（理）之别，王绶乃后者，也即理预科。《沁县志》中说他“考入山西大学工科”，显然有误。可参见国立山西大学编：《国立山西大学一览》，1947 年，第 1 页；山西省沁县志编纂委员会编：《沁县志》，中华书局 1999 年版，第 674~675 页。

③ 1914 年，金大数学教授裴义理（Joseph Bailie）发起创办农科，翌年增设林科，两科于 1916 年合并为农林科，直至 1930 年改组为农学院，“成为中国历史最悠久的四年制大学农业教育机构”，王绶求学和毕业时还处在农林科阶段。可参见张宪文主编：《金陵大学史》，南京大学出版社 2002 年版，第 292 页。

④ 山西大学校史编纂委员会编纂：《山西大学百年校史》，中华书局 2002 年版，第 317 页。郝钦铭也是民国时期的著名农学家，尤擅棉花栽培育种，而孙文郁则是著名农业经济学家。

的专家"①。幸运的是，自踏入农学研究园地，开始初步研究工作之时，王绶就亲身参与到由沈宗瀚等留美农科生积极推动，以金大为大本营，辅之康奈尔大学（简称"康大"）农学院著名教授洛夫（Harry Houser Love，又译骆伟夫）、马雅思（C. H. Myers，又译马安师）、魏更斯（Roy Glen Wiggans）三人的教研支持和美国洛氏教育基金会襄助，试图以提升农业生产力（特别是作物产量）为主要目标的农业改良计划之中②，并跻身"农业派"③ 这一近代中国知识分子有关农业问题看法所形成的重要派别，不仅奠定其日后的学术基调，也预示了他未来的主攻方向。

相较之下，乔启明和孙文郁则加入美籍著名农业经济学家、金大农业经济系创始人卜凯（John Lossing Buck）所领衔的"技术学派"④，并作为其中的主要成员，致力于中国农村研究。但不论"农业派"还是"技术派"，其实都是现代农业发展不可或缺的两大枝干，前者侧重农业科学，属于自然科学范畴；后者偏重农业经济（也包含农村社会），社会科学的成分更浓，而美国农业和康大农学院在他们身上的刻痕都非常明显，也说明王绶的研究起点一开始就很高，极具国际性和开放性。从 1923 年金大毕业至 1932 年赴康大农学院留学，王绶初试啼

① 许纪霖：《中国知识分子十论》，复旦大学出版社 2003 年版，第 82～83 页。

② 1925 年 4 月，洛夫首次来华，开始针对小麦、大麦、高粱、黄豆和水稻等作物改良进行指导，而马雅思于 1926 年初抵达南京，除在金大教授作物育种学之外，另继续洛夫此前所留下的作物育种工作，沈宗瀚则从旁协助，而王绶、郝钦铭和另一位金大毕业生翁德齐三人皆为自金大毕业留校后的青年助教，也都是这项工作的助手，金大与康大农学院、美国洛氏教育基金会的合作计划结束于 1931 年。可参见沈宗瀚：《沈宗瀚自述》（中），黄山书社 2011 年版，第 96、138、151 页。

③ 黄俊杰：《沈宗瀚先生年谱 · 增订新版自序》，台大出版中心 2016 年版，第Ⅵ页。根据作者的划分，除了"农业派"之外，另有"平教派""分配派"和"折中派"。

④ 张玉林：《乔启明的中国农村研究及其开创意义》，周晓虹、谢曙光主编：《中国研究》（总第 15 期），社会科学文献出版社 2013 年版，第 237 页。需要说明的是，张玉林即为现行《乔启明文选》的编者。

声，“一面授课，一面深入农村调查农民保存与繁育优良品种的方法”①，斩获颇多，硕果累累，也是其学术生涯的第一阶段。

在这十年间，王绶共计发表13篇文章②，其中的11篇乃是农学论文，另有两篇译文③。最早一篇为《改良黄豆的经验》，发表于《兴华报》（系由美以美会在上海创刊发行）1926年第23卷第49册，此时的他还不到30岁。在这篇文章中，王绶提到“作者从事于改良黄豆的事业，仅有三年的工夫”④，这应该就是指他自毕业以后就聚焦于黄豆的改良工作，该文应该是一份阶段性小结。除去1927年“留白”之外，此后4年，王绶就作物育种与大豆改良集中“排炮”，且甚为频密，1928年2篇(《作物产量之研究》《农人自己保守纯种的方法》)，1929年2篇(《我国育种事业失败之主因》《改良大豆的方法》)，1930年2篇(《农民保守纯种的方法》《麦作边际影响之研究》)，1931年更是达到4篇之多(《作物改良过程中应注意之事件》《由大豆之对外贸易谈到品种改良》《维持大豆世界市场之根本办法》《作物生长竞争之研究》)。此外，王绶还以国民政府农矿部设计委员的身份参加由该部主办的农政会议，并从自己所学出发，向大会提交了6篇议案。

金大农学院因深受康大农学院“教学、研究、推广”三位一体发展模式之影响，教师不仅重视理论研究和论文撰述，而且也身体力行，下地试验、进村调研，强调以农民需求（felt need）为主的服务型改

---

① 《南京农业大学发展史》编委会编：《南京农业大学发展史·人物卷》，中国农业出版社2012年版，第272页。

② 此处以笔者目前所能找到的王绶文献为准。

③ 需要说明的是，这两篇译文实为一篇，只是作两部分登载于《农林新报》1932年第3期和《农林新报》1932年第4~6期合刊，题目为《植物与阳光生长之关系以及上午光与下午光势力之比较》（Influence of Light Upon Growth and Development Plants with Special Reference to the Comparative Effects. The Philippine Agriculturist Vol. 14, No. 9, Feb 1930.），这也能说明当时金大学生英文水平还是比较高的。

④ 王绶：《改良黄豆的经验》，《兴华报》1926年第49册，第22页。

良，王绶亦不例外。他毕业后就在河南、山东、河北、山西等省各地采集单株，多次进行单株选择试验，进行大豆纯系育种，培育出了闻名世界的“金大 C332”大豆新品种（广泛种植于长江流域，在国外被称为“南京大豆”），其产量较之普通农家种高出 45%，并进而开展大麦遗传育种工作以及大豆适应性、不同品种的开花日期变异、株高、籽粒大小与产量相关性等课题研究。①

1932 年，已近不惑之年的王绶负笈留美，前往康大农学院深造，终以《大麦遗传之研究》② 一文获得作物育种学硕士学位，并荣膺美国荣誉学会会员。③ 1933 年毕业回国后，继续留任金大农学院。1933—1940 年，先后担任金大农学院教授、农艺系主任和农艺研究部主任，开设作物育种、生物统计、田间技术等多门课程，深受学生欢迎。留美时间虽然短暂，也并未获得很多人梦寐以求的博士学位，王绶却取得“真经”，他将在美期间所学的“方差分析”“随机区组设计”等最新的统计方法和田间技术引入中国，并融合本国实际撰就《中国作物育种学》（商务印书馆 1936 年版）和《实用生物统计法》（商务印书馆 1937 年版）两部专书。④《农林新报》书评专栏高度评价《中国作物育种学》——“在中国改进农业声中，这是一部切合需要的实际技术著作”⑤，美国圣路易斯华盛顿大学的退休教授施耐德在其著作中

① 金善宝主编：《中国现代农学家传》（第一卷），湖南科学技术出版社 1985 年版，第 90~91 页。

② 此文后以《大麦之遗传》（*Inheritance in Barley*）为题分别发表于《金陵大学农学院丛刊》1936 年第 43 号和《中华农学会报》1936 年第 148 期。

③ 《农界人名录：王绶》，《农业周报》1934 年第 17 期。美国荣誉学会也即 Sigma Xi 科学荣誉学会，这是美国大学研究院对成绩优异学生的褒奖和肯定。

④ 《科学家传记大辞典》编辑组编辑：《中国现代科学家传记》（第一集），科学出版社 1991 年版，第 503 页。

⑤ 王绶编著：《书报介绍：中国作物育种学》，《农林新报》1936 年第 11 期，第 282 页。

盛赞该书为“抗战前最好的作物育种教科书”①。

自抗战爆发后，王绶一方面将家中老小送回老家避难；另一方面，自己则随校西迁入川，继续授课和在南京时未能完成的试验研究工作。1941 年年初，随着山西沦陷于日寇铁蹄之下，家眷六口离故乡、过黄河、转西安，准备前往四川会合。在得知此消息后，王绶启程北上，会家眷于西北农学院。然而，因战事频繁，道路崎岖，只好留任西北农学院农艺系教授兼农场技正，1942 年又兼教务长一职，并被任命为中央农业试验所技正和农林部西北农业推广繁殖站主任。在西安期间，时值抗战军兴，王绶依然执著于他的大豆研究，先后培育出“西农 506”大豆和“西农 509”黑豆两个新品种。②

抗战胜利后，王绶于 1946 年返回南京，出任农林部农业推广委员会第一组（负责粮食生产）组长和农林部粮食生产委员会专门委员会联席会议主席两职，只是兼任金大农学院教授，讲授田间技术学课程。③ 教学科研之外已然向农业行政管理领域扩展，这也为王绶建国后接掌全国粮食工作埋下了伏笔。中华人民共和国成立后，1950 年奉调入京，担任农业部粮食生产司司长，并被授予一级农业总技师称号。1952 年，加入中国国民党中央革命委员会，直至调离农业部，一直都是民革农业部支部的召集人。1956 年 3 月，与吴觉农、金善宝、陈凤桐一同被选为中国农学会副理事长（理事长为杨显东）和《农业学报》主编。光荣出席了 1957 年举行的全国首届农业劳动模范代表大会。同年，转任中国农业科学院作物育种栽培研究所（现为作物科学研究所）研究员、所长（也是第一任）。④

---

① Laurence Schneider, Biology and Revolution in Twentieth Century China. Lanham, MD: Rowman & Littlefield Publishers, 2003, p. 83.

② 关联芳主编：《西北农业大学校史（1934—1984）》，陕西人民出版社 1986 年版，第 28 页。

③ 《农学院简讯》，《金陵大学校刊》1947 年第 363 号，第 2 版。

④ 中国农业科学院编：《中国农业科学院志》，中国农业科学技术出版社 2001 年版，第 567、618 页。

1958年9月，已过花甲之年的王绶响应山西省委省政府的号召，重返桑梓，就任山西农学院（也即现今山西农业大学，前身为孔祥熙于1907年创办的铭贤学校）院长，其生命中的最后十多年即在此度过。虽然也有山西省第二届人大代表和第二届、第三届全国人大代表等殊荣，且是当时整个山西全省为数不多的几位一级教授，但受制于大环境，不仅本人被打成所谓“牛鬼蛇神”，最为可惜的还是大量研究资料（特别是搜集所得的各类大豆原种）被毁，身体也遭受摧残。

王绶学识渊博，对待事业专注认真，为人忠厚耿直、作风正派、艰苦朴素，曾手书“勤、俭、谦、诚”① 座右铭和家训于子女。其一生诚如郝钦铭的评价——“赋性温和而有为，勤俭而耐劳，喜著述、务实学，诚吾侪中之皎皎者也”②。1972年2月1日，王绶不幸因心脏病复发病逝于太谷。粉碎“四人帮”后，中共山西省委落实政策，于1978年11月22日在太原双塔寺革命公墓为他和妹夫贾麟厚一道举行了隆重的骨灰安葬仪式。③

以下将从三个方面探讨王绶一生的中国农业研究及其重要学术价值。

二、矢志振兴大豆，科学改良为关键

作为一种自花授粉植物，大豆是中国最为重要的油料作物和粮食作物之一，在整个国民经济体系中占有重要地位，直至今日，也依然如此。在小麦、水稻、玉米拥有主导性优势的民国农学界，王绶却另辟蹊径，独选大豆攻关，矢志不渝，其取得的主要学术成就也以大豆改良最

① 过世杰编：《人生之路——中外名人座右铭风采》，新疆青少年出版社2005年版，第141页。

② 郝钦铭：《王绶君：［照片］》，《金陵光》1924年夏季特号。

③《认真落实党的知识分子政策，王绶、贾麟厚先生骨灰安放到革命公墓》，《山西日报》1979年1月11日。

为后人称道。

（一）大豆研究先驱

说起中国的大豆研究，相关论著无不提及王绶，且往往都是作为排名靠前的学者出现，如"老一辈科学家，如王绶、金善宝、丁振麟等对大豆遗传和育种做了大量开拓性的工作"①。事实上，早在民国时期，王绶就已经是当时"国内有数的作物育种家"②，其主要贡献就在于作物育种。

正如著名大豆育种学家王金陵在其回忆求学金陵大学时的文章中所说，"国内搞大豆研究的人寥寥无几，只有导师王绶教授始终在作大豆育种工作"③，而他本人也是王绶培养的高徒弟子。另一位著名大豆育种学家马育华在南京金陵大学的本科毕业论文即由王绶指导。今人撰著时，也是将他作为"大豆、大麦育种和生物统计学科的主要奠基人"④。

众所周知，20 世纪上半叶，中国作物学研究的主流乃是在农业生产中占据重要地位的水稻、小麦、棉花、玉米和大豆等作物，而作物学的发展在这一时期明显存在一个"从早期的良种培育向细胞遗传学发展"⑤ 的转变趋势，王绶则是早期大豆良种培育的先驱式人物。

---

① 王连铮、王金陵主编：《大豆遗传育种学》，科学出版社 1992 年版，第Ⅲ页。

② 时措宜：《王绶教授育种贡献在美国——"王氏大麦"》，《西北农报》1946 年第 4 期，第 10 页。时措宜不仅是王绶的得意门生与大豆研究中的合作伙伴，而且也同为沁县人，毕业于西北农学院经济系，生前为山西省农科院副研究员，曾任该院大豆研究室主任。

③ 东北农业大学大豆科学研究编：《金豆为伴：献给王金陵先生九十华诞》，黑龙江科学技术出版社 2006 年版，第 27 页。

④ 《南京农业大学发展史》编委会编：《南京农业大学发展史·人物卷》，中国农业出版社 2012 年版，第 273 页。在书中，王绶被列入"各学科知名教授"中的作物学一栏，且排名第一。

⑤ 张剑：《中国近代农学的发展——科学家集体传记角度的分析》，《中国科技史杂志》2006 年第 1 期，第 3 页。

（2）中国大豆概貌

那个时代大多数自然科学家在自身专业之外都有着较高的文史素养，且十分愿意将精力投注于和研究领域相关的中国科学史和国情研究，习农出身的王绶也不例外，突出表现在他对中国大豆“家底”的熟稔。于今回看，王绶的这些文字虽已年代久远，但毫无疑问都是十分珍贵的农学史料。

在王绶所生活的20世纪30年代，中国是世界上最大的大豆生产国，年均产量超过1 000万吨，占世界大豆产量的90%，“中国大豆在世界大豆市场处于绝对垄断的地位”①。在多篇不同文章中，王绶都对大豆在中国的种植历史、地理分布及其重要作用等概况有过极为简洁而精彩的论述：

> 大豆为中国原产作物之一，在中国有五千余年的历史；中国人自古即以大豆为其主要作物，栽培之面积甚广，自北而南，由东至西，全国无一处不见大豆的踪迹。大豆在中国之供献极大；不但对于我们智育与体育有所供献，而对于我们国家之经济基础与文化建造，亦有绝大之功绩。②

大豆所具备的多重功用也是王绶在文章中一再反复提及之处。从小的方面来说，大豆既可用作家畜饲料和肥田养料，能够有效促进畜牧事业；从大的方面来说，对于以素食为主的中国人来说，大豆不啻为最佳营养品，因人稠地窄，无法利用畜产物来维持大多数人民的健康，不得不以大豆代肉类，是一种能预防和治疗诸多人类疾病的有效食物，兼具医学和社会价值。表1乃王绶自制，并常被用来说明大豆营养价值之高。

---

① Claude Aubert、朱希刚主编：《中国大豆经济研究》，中国农业出版社2002年版，第1页。

② 王绶：《中国的大豆与其将来在美国之希望》，《农林新报》1933年第22期，第429页。

表1①

食物类	蛋白质（百分数）	油质
大豆	35.0	20.0
鸡蛋	14.8	10.5
瘦肉	19.2	10.7
牛奶	3.2	3.5
全麦粉	12.2	1.7

此外，大豆还是重要的农产工业原料和彼时中国的主要出口品。也就是说，大豆与民生、大豆与国家经济之间有着密切关联。结合抗战的时代背景，大豆还是“一种重要的建国资源”②。职是之故，也就可以理解王绶为何就国人对大豆的漠视态度极为焦虑，尤其担心大豆在国际市场中的地位将步茶叶、丝绸之后尘，一蹶不振：

惟不可解者，即国人对于此种与国计民生有关之大豆，并不十分重视，任其自生自灭，以致危机四伏，前途暗淡，茶丝之殷鉴不远，希朝野明哲，及早注意，亡羊补牢，幸勿迟疑，填平茶丝之已覆故辙，兴建大豆之康庄大道，使大豆业蒸蒸日上，不致步茶丝之后尘，则国家幸甚，民族幸甚。③

（三）科学改良大豆

王绶隶属于以老师辈沈宗瀚为代表的“农业派”，其本人也系康奈

① 王绶：《大豆与中国之关系及金陵大学改良大豆之成绩》，《农林新报》1934年第3期，第57页。

② 王绶：《漫谈大豆：一种重要的建国资源》，《农业推广通讯》1944年第10期，第17页。

③ 王绶：《论我国大豆业》，《农业周讯》1947年第7期，第6页。

尔大学“出品”。就整体来看，该派成员是农村发展的“改良主义者”，不太赞同（至少不认为是首要）急风暴雨式的农村革命，而认为应该实行小碎步式的点滴改良，“农村复兴的办法，当然是要从改良农村入手”①。

在方法论层面，“农业派”也可以说是“生产力学派”，更为重视科学技术之于农业发展的作用，在他们看来，“中国农业及农村问题乃是农业生产力之问题，而欲提高生产力以养活庞大人口则必须自改良作物品种、提高农业技术水准入手”②。在诸多步骤中，“农业派”认为“改进中国农业的程序，首先应该增加农业生产，而增加生产以改良品种入手为最易”③。简言之，通过适当的方法改良中国主要的田间作物品种，由品种改良而致产量增加，从而满足民众的基本食物需求，再谈得上其他方面的改进，这是“农业派”有关中国农业发展的基本图式，也可以说是王绶终生矢志于科学改良大豆的根本思想因由。

“对任何一种作物来说，优质与高产同样都非常重要”④，那么，如何才能实现大豆的优质与高产？王绶的办法也很简单，这就是采用科学方法育种，将育种作为一项科学事业来对待。毕竟，育种的目的不外乎“稳定农业生产；找到适应环境的丰产品种，提高单位面积的产量；找到品质优异的品种，使农业产品更能适合需要”⑤。

中国当时农事试验场的育种工作却常常很难令王绶感到满意，“我国农事试验场之历史不如东西洋各国久远，其数量不若东西洋各国普遍，工作幼稚，在所难免”，其症结就在于“主持试验场者不了解育种

① 王绶：《读了农村复兴委员会“改进中国农业计划”之后》，《农业周报》1934 年第 1 期。

② 黄俊杰：《序二——凡辛勤耕种的，必欢呼收割》，沈君山、黄俊杰编：《耕耘岁月——沈宗瀚先生自传及其他》，台湾正中书局 1992 年版，第 15 页。

③ 沈宗瀚：《沈宗瀚自述》（中），黄山书社 2011 年版，第 149 页。

④ 包平、王宏林、曹新宇主编：《金陵旧事：康奈尔首例国际农业技术合作项目》，中国农业出版社 2015 年版，第 10 页。

⑤ 王绶：《普及良种 增加生产》，《云南政报》1950 年第 5 期，第 64 页。

之方法与原理”。“惟其对于方法与原理不能十分了解，故其对于育种程序无相当之计划，对于育种之目标无一定之方向，因而引用已经过去之陈法者有之；各自为政，作无根据之工作者有之；敷衍塞责，假造表册，自欺欺人者亦有之。虚糜岁月，徒耗金钱，我国育种事业失败之主因，及在此矣”①。

因此，王绶提出以下三方面举措，各个部门之间密切结合，切实提升育种水平，尽快制定“标准育种法”，并将其在农民中推而广之：

> 招集育种专家，开育种讨论会，根据最新之学理，酌量现在已经公认之育种方法，规定“中国作物育种之标准方法”，并公布之。
>
> 招集各试验场之技师，开作物育种训练班，授以育种之原理与方法。
>
> 设立作物育种委员会，为育种之总指导机关。②

同时，出身农家，并有过务农经验的王绶极为强调品种改良必须从本土出发，逐步摸索、总结适用于自身实际的经验，而不能唯上、唯书：

> 作者从事于改良黄豆的事业，仅有三年的工夫，本来没有什么经验可讲，但是在这三年内，从田地里，实验室里，所得到的经验，实在与那书里所讲的，常有不同地方，所以我觉得从书本内得到的知识，未必就适合我们用处，因为书里所说的，是他人的经

---

① 王绶：《我国育种事业失败之主因》，《农业周报》1929 年第 10 号，第 257 页。

② 王绶：《规定标准育种方法俾各试验场有所遵循而速成效案》，农矿部设计委员会特种会议秘书处：《农矿部农政会议汇编》，南京宜春阁印刷局印行，1929 年，第 178 页。

> 验，不是我们的，因此就不能完全适合我们的环境。①

前文已有述及，王绶自大学毕业后即开始从事大豆改良工作，率领其团队，历经整整十年艰辛，终于孕育出优良品种——“金大三三二”。经各地田间试验证明，“金大三三二”较之南京的标准品种多产44%，而在江苏句容（多产80%以上）、淳化（多产90%以上）、成都（多产两倍以上）、安县（多产约10%）、温江（多产两倍或数倍以上）等地也有着十分傲人的业绩。② 后世学者对此也给予高度肯定，“创造了当时国内单一大豆品种种植面积的最高记录”③。20世纪三四十年代，“金大三三二”于成都平原种植面积已在十万亩以上，也再次表明“科技是20世纪中国大豆生产水平提高的根本推动力量”④。

大豆的科学改良不仅能够提高单产，降低生产成本，增加出口，而且还能促进对外贸易，为国家创收外汇，维持中国大豆在国际市场上的领先地位。⑤“迎合市场需要，更可使品质纯洁，维持市场之信用”⑥。王绶对大豆的投注远不止于科学改良一方面，他将大豆置于整个国民经济体系之中来考量，思考的面向含括研究、种植、生产、运输、销售、管理、外贸等全行业，具体说明如下：

> 增加大豆生产，于不影响其他作物栽培面积之原则下，提高大

---

① 王绶：《改良黄豆的经验》，《兴华报》1926年第49册，第22页。

② 王绶：《“金大三三二”改良大豆历年来之成绩》，《农林新报》1940年第1~3期合刊，第7~8页。

③ 蒋慕东、王思明：《二十世纪中国大豆生产及其发展动因分析》，《中国农史》2006年第3期，第35页。

④ 蒋慕东：《二十世纪中国大豆科技发展研究》，中国三峡出版社2008年版，第265页。

⑤ 王绶：《由大豆之对外贸易谈到品种改良》，《农业周报》1931年第5期，第164页。

⑥ 王绶：《维持大豆世界市场之根本办法》，《国际贸易导报》1931年第6号，第2页。

豆之总产额。

提倡大豆加工制造及食用，引起国人嗜食大豆之习惯，增进国民之营养。

增进大豆品质，迎合国际市场与工业需要，增加大豆输出额，尽量吸收外资，平衡国际贸易。

稳定大豆生产，及供应建立固定市场。

划定大豆之生产区域，以便运销及制造。

研究大豆之新用途，提高大豆之价值，扩展大豆之需要范围。

减低大豆之生产成本，以争取国际市场。

树立大豆之管制机构，维持市场信誉，广开国际市场。

建立大豆工业，改进大豆制成品，增加收益。

建立大豆分产统销制度，减少中间人剥削，提高农民利益，改善其生活水准。①

三、寻求人地协调，粮食增产是目标

农业生产的品质有赖于人地关系协调，然而，近代以来中国社会最为尖锐的矛盾恰恰就是人地关系紧张，这也就是黄宗智所说的“内卷化”（involution，或曰“过密化”）过程，突出表现为农村中的人口过剩，并进一步衍生出“粮食生产不敷，农业生产环境恶化，农民生活日趋贫困”② 等多方面问题。

（一）人地矛盾的激化

其实，早在18世纪末19世纪初，洪亮吉、包世臣、龚自珍等先知

① 王绶：《论我国大豆业之振兴》，《农业推广通讯》1945年第11期，第8~9页，

② 行龙：《人口问题与近代社会》，人民出版社1992年版，第72页。

先觉者就已对中国所面临的人口压力提出警告，更有后来汪士铎的惊世骇俗之言论。① 进入20世纪之后，作为社会问题，人口压力已引起广泛重视。王绶的山西老乡和金陵同学，民国时期著名农村社会学家乔启明就在其极为精湛的定量研究中证明了当时中国乡村的高出生率和高死亡率已经极为明显，而由此导致的自然增长率也确实处在高位状态。②

或许是研究侧重之间的差异，相比于乔启明利用现代社会调查方法对中国人口问题一探究竟的做法，王绶更多还是从自身专业考量，从定性角度提出问题，这方面的论述虽然不是特别多，但也有其一定价值。在他看来，“衣，食，住，行为民生四大要素；四者之中，而尤以衣食为最重要。民为邦本，食乃民天；衣食不足，休谈礼义。人民饥寒交迫，内不能言安定，外不足以御侮，此人所共知者也”③。

（二）粮食增产的重要

自古以来，正所谓“民以食为天”，如何实现粮食增产，确保国家能够足额足质向民众供应主食也一直是历朝历代所思考的重要问题，王绶也是如此，这一点不论在民国时期还是中华人民共和国成立之后，皆复如是：

> 我国粮食生产数量，以全国来说，虽然有些地区有余，但也有

---

① 何炳棣：《明初以降人口及其相关问题：1368—1953》，葛剑雄译，三联书店2000年版，第317～322页。汪氏在其所著《乙丙日记》中这样写道：“人多之害，山顶已植黍稷，江中已有洲田，川中已辟老林，苗洞已开深菁，犹不足养，天地之力穷矣。”

② 可参见乔启明：《中国乡村人口问题之研究》，《东方杂志》1928年第21号；《近六十年中国农村人口增减之趋势》，《新农村》1934年第13～14期合刊；《中国农村人口之结构及其消长》，《东方杂志》1935年第1号。

③ 王绶：《民生问题之严重及其解决之途径》，《农林新报》1935年第14～15期合刊，第357页。

些地区缺少。总的说来，仍然不是太多而是太少。目前我国粮食问题，还不单纯是一个“总产量不多”的问题，而更重要的是“商品粮食供应不能满足工业迅速发展的需要”。我国粮食问题，在目前还没有基本解决。在国家过渡时期总任务下，粮食问题须得格外重要①。

进而言之，粮食增产的目的在于实现“自给自足”，不仅要“人人有饭吃”，而且还要充分供给国家大力发展工商业的需要。②

（三）粮食增产的举措

如何才能实现粮食的增产？王绶的基本思路主要有以下四个方面。

1. 发展抗旱作物，适应恶劣环境

在《提倡旱农救济旱灾案》这份提交给农矿部农政会议的提案中，王绶敏锐地意识到“灾荒——尤其是旱灾严重影响着人地之间的和谐”，除兴修水利、抗旱保墒之外，应大力推行旱作农业，切实解决灾害频繁——尤其是旱灾多发的问题，从而保障生产充分，提高品质，“惟旱农可随时随地行之。查‘旱农’在国之高燥区域已有相当之成功，我国炕旱之区甚广，亦应提倡‘旱农’，以救济旱灾”③。唯有如此，方能解决民食不足的问题。

2. 多种高产作物，改良耕作技术

多种植高产作物也是增加粮食产量的重要措施之一，王绶对此深以

---

① 王绶：《我国粮食生产的情况及存在的问题》，《科学通报》1954 年第 5 期，第 17 页。

② 王绶：《杂粮与粮食增产》，《粮食增产简讯》1948 年第 2 期，第 4 页。

③ 王绶：《提倡旱农救济旱灾案》，农矿部设计委员会特种会议秘书处：《农矿部农政会议汇编》，南京宜春阁印刷局印行，1929 年，第 200 页。

为然，尤其提倡多种大豆与番薯①，以补充主要作物，特别是“应广植大豆，增加植物油之生产，以应战时之需要”②，并从实践层面指出高产作物的种植“必须注意到地区的自然条件和农作物的特性，因地制宜，因时制宜，不能死板地照搬外地经验”③。此外，王绶亦非常重视耕作改良，在写于抗战期间的《增加食粮生产的两种方法》一文中，他对改良耕作技术的重要性做了全面而系统的阐述：

> 耕土的好坏固然要看表土的性质，但是耕锄却可以改良它的性质，一种不经耕锄而随使荒弃的土壤，天长日久以后，能彼此互相团结，变成一块坚硬的土地，使空气与水分不容易通过，这是不适合庄稼的生长的，可是一经耕锄使成很疏松的土壤，然后酌量实际情形，加以镇压，使其致密，方才可以生出良好的庄稼来。④

3. 提倡农民育种，促进品种改良

王绶认为改良种子之于粮食增产同样十分重要，其目的在于增强作物抵抗不良环境的能力，“推广良种，是提高单位面积产量与改造作物的品质最有效，而最经济的办法”⑤，这其中既包括农事试验场，也涵盖农民个体。对于前者，王绶呼吁“应设法改良碾磨方法之不良，亦

① 王绶：《提倡多植大豆与番薯补助主要作物以济民食缺乏案》，农矿部设计委员会特种会议秘书处：《农矿部农政会议汇编》，南京宜春阁印刷局印行，1929年，第129页。

② 王绶：《推广大豆与抗战》，《农业推广通讯》1940年第1期，第1页。

③ 王绶：《谈谈多种高产作物》，中央人民广播电台编：《1956—1967年全国农业发展纲要（修正草案）讲话》，中国青年出版社1958年版，第93页。

④ 王绶：《增加食粮生产的两种方法》，《农业推广通讯》1940年第2期，第17页。

⑤ 王绶：《推广良种的几个问题》，《中国农业科学》1951年第1期，第7页。

足以减少出产之成数，故亦宜设法改良之，以免粮食有用部分之损失。令各试验场注意产量而外，再注意于品质之改良”，具体方法如下所示：

> 选择品质优良之品种，如稻之不易碎性与麦之出粉量高等性。
>
> 行人工交配，以品质优良之种与产量丰富之种相配，使成为品质好而产量高之品种。
>
> 关于碾磨方面，招集对于碾磨富有经验之人，讨论现在碾磨之缺点并设法改良之。①

对于后者，由于农事试验场的基础未固，“须先提倡农民自行育种法，借以达品种改良之目的，增加粮食之产额”。其办法如下：

> 根据混合选择之原理，厘定农民自行育种之方式，编成浅说，分散于农民，使其照办。
>
> 令各省农矿厅召集各试验场之技师，各农务局之技师以及有关于农业之人员，开办训练班，授以选择之原理与方法。
>
> 当冬季农闲之时，令各县开办农民训练所，授以农业之普通智识。
>
> 当收获之前，派人下乡，指导农民选择事业。
>
> 开农产评论会，奖励实行选择之农民。②

---

① 王绶：《改良稻麦之品质与碾磨之方法减少机械的损失案》，农矿部设计委员会特种会议秘书处：《农矿部农政会议汇编》，南京宜春阁印刷局印行，1929年，第232~233页。

② 王绶：《提倡农民自行育种增加粮食之产额案》，农矿部设计委员会特种会议秘书处：《农矿部农政会议汇编》，南京宜春阁印刷局印行，1929年，第130~131页。

4. 减少粮食耗费，提升粮食利用

增产有赖于科学技术，同时，也需全面养成勤俭节约的习惯，出身农家的王绶非常强调增产与节约两者需并重——精收细打，提高粮食加工率，尽可能降低无故能耗。他在对待以粮食用作酿酒原料一事上的态度就很能说明问题：

> 酒纯为嗜好品，并非日用必须之物。酒对于人身之利害，姑且不问，即以耗费米粮一层而言，亦应设法禁止，节省民粮。……当此民食缺乏之时，理应禁止粮食酿酒，以裕民食。①

四、提倡教研一体，擘画学科发展方向

王绶一生与大学结缘，不论担任金大农学院农艺系主任还是山西农学院院长期间，他都不忘大学和教师的职责所系——教好书，上好课，做好研究。抗战时期，王绶主持下的金大农学院农艺系依然能够弦歌不辍、成果丰硕就是例证。② 中华人民共和国成立后，他则将生命中的最后十来年全部奉献给山西农学院，不辱使命，全力办学。③

---

① 王绶：《禁止粮食酿酒以裕民食案》，农矿部设计委员会特种会议秘书处：《农矿部农政会议汇编》，南京宜春阁印刷局印行，1929 年，第 131 页。

② 王绶：《本院农艺系迁蓉后十个月来工作概况》，《农林新报》1939 年第 1~2 期合刊，第 5~9 页。

③ 需要说明的是，笔者在写作这部分时，除了相关文字材料之外，分别采访了山西农业大学文理学院退休教师郭定成教授（早年毕业于铭贤学院和西南联合大学化学系，曾经担任文理学院前身的基础部负责人）、山西农业大学农学院退休教师程舜华教授、苗果园教授，他们提供了关于王绶生前主持校政的诸多生动事例，使本书增色不少。

（一）高度重视科研

对于任何一所大学而言，科研都是立身之本。王绶莅校之后，决定还是从大豆切入，一面召集人手，一面组建大豆研究室，开始系统研究，着重于大豆品种资源和利用。搜集到省内大豆农家品种830份和国内外大豆品种300多个，并从中选育出大豆新品种“太谷早”，含油量高达24.5%。① 在他领导之下，山西农学院的大豆研究有着全省乃至全国最全的品种。1958—1966年，由王绶所领衔的大豆研究相对来说还比较顺遂，成果也很丰硕，育成的“晋豆1号”和“晋豆2号”在1978年举行的全国科学大会上还获得奖励，但十年“文革”中断了本应继续的研究。

虽已身为一校之长，但王绶依然保持其亲力亲为的本色，尤其重视田间试验工作的开展，经常下地，参与、指导学生和大豆研究室同仁的试验工作。在他看来，搞试验就要亲自动手、亲自种，这样才能和试验有感情，与作物有感情，而不能纸上谈兵，关在实验室内，也由此在大豆研究领域带出不少优秀学生。② 也正是因为有了王绶的“把舵”，在当时极其艰苦的条件和环境之下，山西农学院的大豆选育工作在全国具有较高知名度，王绶就好比是一面旗帜，在全国农学界就代表了山西农学院。③ 事实上，王绶不仅代表了山西农学院，而且也是那个年代山西科学界在全国的楷模和表率。

值得一提的是，王绶的大豆研究得到分管学校后勤的副院长乔启明的大力协助。毕竟，研究室的建立需要人、财、物等各方面的鼎力支持，而乔启明一直对王绶有“偏爱”，这在某种程度上可能也和他们既

---

① 韩天富、董钻、杨光明主编：《中国大豆科技工作者传略》（第一卷），中国农业出版社2014年版，第6页。

② 山西农业大学农学院退休教师程舜华教授口述回忆，2016年12月21日。

③ 山西农业大学农学院退休教师程舜华教授口述回忆，2016年12月21日。

是山西同乡，又是金陵同学有关，可谓惺惺相惜。①

（二）注重基础教学

早在写于1946年的一篇文章中，王绶就认为“农业的范围既如此之广，农学家应有之知识也就须博，尤其是普通学科，如物理、化学、生物、数学等基本科学，必须要有良好的基础，才能树立起伟大的建筑”②。揆诸民国时期的高等农业教育，他的这一教育思想显然有着深厚的金陵烙印，其自身也深受影响。他始终认为一所农业院校所涉及的诸多学科中，遗传学、统计学是最为重要和最为基本的两大学科，要想学好农学，就必须得掌握这两门学科。③ 此外，王绶也非常重视数学在农学研究和高等农业教育中的应用，其撰写的多篇相关论文中就大量运用各类数学方法以辅助研究。④

主持山西农学院校政期间，王绶极为注重教学工作和对青年教师的培养，除了在校内亲自讲授生物统计课外，还努力创造条件，以各种方式选送青年教师前往全国高水平的农林院校进修学习，提升专业素养和研究能力。对待学生和老师，王绶从不发脾气，平时的话也很少，是一个很稳的人，他曾经自谦道：“我不太聪明，但我会努力。”⑤ 对待教学科研，王绶则很严格。在他当院长之后，根据学校的实际情况，组建了大豆、棉花、玉米、谷子和烟草等研究室，并由一些老教授开始带“徒弟”（实际上就是研究生），以在业务上形成老中青之间的传帮带。

① 山西农业大学农学院退休教师程舜华教授口述回忆，2016年12月21日。

② 王绶：《农业农学农学生》，《西北农报》1946年第4期，第3~4页。

③ 山西农业大学文理学院退休教师郭定成教授口述回忆，2016年12月18日。

④ 可参见王绶：《变量分析法之农艺应用实例》，《金陵学报》1935年第1期；《“互变数”与其解释田间试验结果之价值》，《中华农学汇报》第128期；《变异数分析之自由度分离》，《西北农报》第3期。

⑤ 山西农业大学农学院退休教师程舜华教授口述回忆，2016年12月21日。

（三）培育青年人才

除继续进行大豆研究之外，王绶也大力奖掖和提携有志于科研——特别是对大豆研究有兴趣的青年教师，他还强调青年教师的培养要“三定一稳”（固定专业、定人指导、规定学习时间和稳定队伍），努力把山西农学院办出特色。王绶很关心学生和青年教师的成长，对于一些教学和科研中的疑难问题，常常不厌其烦地给予精准讲解，为广大师生竭尽所能创造良好的学习、生活和工作条件。因此，他在全校师生心目中的威望非常高。①

王绶平易近人，丝毫没有领导架子，更不像有些喝过洋墨水的大教授甚为西化，西服领带，反而很朴实本分，一副老农的样子，这一点倒是很契合他农学家的身份。或许是因为常年生活在外，王绶说话时的山西口音并不重。② 在王绶领导之下，山西农学院达到了自中华人民共和国成立以来最好的办学水平，“为山西农学院以及山西省高等农业教育事业的发展建设做出了不可磨灭的贡献”③。

五、王绶的学术贡献及其当下价值

从1923年毕业留校至1972年去世，在近五十年的学术生涯中，王绶共计留下八十多篇各类文章（含讲话、报告、演讲、译文、油印本，正式发表的学术论文主要集中在1949年之前）和四部专著。④ 不论数量还是质量，在同时代农学家中都堪称“翘楚”。当然，相比于乔启

① 山西农业大学农学院退休教师苗果园教授口述回忆，2016年12月21日。

② 山西农业大学农学院退休教师苗果园教授口述回忆，2016年12月21日。

③ 钱伟长总主编：《20世纪中国知名科学家学术成就概览（农学卷）》（第一分册），科学出版社2011年版，第214页。

④ 王绶以《实用生物统计法》为基础继续增删修改而成的《生物统计学》专著本已定稿，但在“文革”中不幸遗失。可参见赵荣达主编：《晋商牛耳——金太谷百处遗址·往事·名人》，三晋出版社2012年版，第422页。

明，王绶论著的三分之二都是试验报告和专业性很强的科学论文，其余三分之一则构成本章的基本材料来源。应该说，这些文字所含信息量还是非常丰富的，有别于传统读书人的“坐而论道”，显示了“用脚做学问”的实证研究路径取向，也是他那一代知识分子中西合璧，传统与现代相融的基本写照。

就具体的研究内容而言，本章重点介绍的三个领域中的基本观点既有王绶所属学派整体特色的一面，也不乏来自他对常年田间试验和中国农村问题的深邃思考，体系完整、内容丰富，兼顾农业自身规律和中国内部区域差异，这也就意味着，当我们在回顾民国时期农学家时，王绶这位“中国大豆科研与改良的开创者、奠基人”① 的研究不可或缺。当然，在回顾王绶丰赡的学术遗产时，尚有可进一步想象和探讨的空间。

第一，他对农业特性的深刻体认将会大大加深我们的理解层次。“农业为富于地域性之事业，其成功不仅基于人力物力之充实，而工作计划之周详地理环境之适应，实亦有极密切之关系”②，这样的话于今读来依然适用。

第二，他对农业在整个国民经济结构中基础地位的强调及其对政府、有志于农业者的希冀，使我们深切感受到老一辈农学家的赤诚情怀。“农业为农国之本，希我政府速筹巨款，使其恢复。派遣实干人才，确实努力，于此立国基本的工作上奠一础石。往者不究，来者可追。献身农业者，应摒弃升官发财之观念，确实为国家，为人民谋福

① 刘荣志、向朝阳、王思明主编：《当代中国农学家学术谱系》，上海交通大学出版社 2016 年版，第 223 页。

② 王绶：《谈谈多种高产作物》，中央人民广播电台编：《1956—1967 年全国农业发展纲要（修正草案）讲话》，中国青年出版社 1958 年版。

利，而我政府亦应宽筹款项严加监督，以固邦本，国家幸甚！民族幸甚！”①

第三，他对“大农业”的解读准确，特别是对农学、农政与农事三者之间的关联互动与相互促进的研究极为周全细致，“农学是研究生产利用与运销之原理与改进，农政是规划生产利用与运销之方针与策略，农事是实施生产利用与运销之方法与步骤。其不进步之原因就是因为农学、农事与农政三者脱节，不能互相配合。农业是国家的根本，国家富强还是贫弱，完全要看农业是否振兴”②。

① 王绶：《敌伪在华北沦陷区内之农业建设概况》，《农业推广通讯》1946年第2期，第1页。

② 王绶：《农业农学农学生》，《西北农报》1946年第4期，第3页。

下编　教育史探研

第五章　章之汶农业教育思想及其实践探究

“有农业，就有不同形式的农业教育。”① 事实上，自农业产生之后，农业教育便应运而生，并作为助推农业发展的智力支撑和强大动力，西方如此，中国亦然。尤其是自19世纪中叶以来，在推动中国农业从传统向现代转型的这一历史进程中，农业教育起到了重要作用，一大批融通中西的杰出农业教育家纷纷涌现，如过探先（1886—1929）、邓植仪（1888—1957）、丁颖（1888—1964）、邹秉文（1893—1985）、沈宗翰（1895—1980）、杨开道（1899—1981）、董时进（1900—1984），而章之汶（1900—1982）同样也是其中的代表性人物。

正如有学者对他所做的评价——“一身献身农业教育，科研成果、学术著作方面均有很大贡献”②，在《民国时期农业论文索引（1935—1949）》一书的农业教育专章中，章之汶以共计被收录18篇而冠绝群伦（内含与他人合写的5篇），即便仅计独立署名文章，也是彼时最为高产的农业教育学者。

更为重要亦属难能可贵的是，自1937年7月正式就任直至1948年11月去国赴美前往联合国粮农组织（FAO）工作（包含抗战西迁和胜利复员这两段艰难时月，此前还曾担任农业教育系主任一职），章之汶执掌金陵大学农学院院长一职长达十一年之久。丰富的理论素养之外，

---

① 张景书：《中国古代农业教育研究》，西北农林科技大学出版社2006年版，第1页。

② 张宪文主编：《金陵大学史》，南京大学出版社2002年版，第300页。

他更有宝贵的一线办学经验和完整的行政历练，对于农业教育当有着较之一般学者更为深厚的感情和真切体悟。显然，对于这样一位重量级学者所做的有关农业教育的大量论述，站在21世纪的今天重新回望、审视，毫无疑问有其紧迫性和必要性，本章也即以此为切入点，试做探究。

一、以农为“志业”

笔者下文将先行简述章之汶生平行谊，而后阐述他对农业教育的基本看法。

章之汶，字鲁泉，安徽省来安县（隶属滁州市）相官乡板桥村人。早岁就读于金大农科，在校期间即随美国著名棉作专家郭仁风（G. B. Griffen）从事棉作改良（日后由商务印书馆于1926年出版《植棉学》专著一书），1922年毕业后留校，先于农业特科服务，后为金大农学院院长办公室秘书和《农林新报》主编。1930年开始负责行政领导工作，于同年担任农业专修科①主任和农业教育系代理主任，旋即赴美进修，专攻农业技术推广，获硕士学位后于1934年返国。

此后十多年间，章之汶倾其主要精力于农业教育和农业推广两方面，不仅亲自主持了民国时期著名的乌江（位于安徽省和县）农业推广实验区，而且还与人合作撰写了《农业推广学》和《农业职业教育》这两部重要著作，在理论上对农业教育和农业推广给予凝练、总结，并取得良好成效，前者是“我国农业大学第一本农业推广教科书”，而后一本书则被认为“填补了农业师资训练教材的空白”。②

---

① 1924年秋，金大农林科成立乡村教育系，除于大学本部开设农业教育课程之外，另附设农业专修科，内分职业师资训练组和职业学校指导组，1939年改名为农业教育系。

② 校史编委会编：《南京农业大学史：1902—2004》，中国农业科学技术出版社2004年版，第127页。

即便工作地点不在中国，章之汶的中心工作也仍然没有离开农业教育和农业推广，只是将重心移往联合国粮农组织——受聘担任该组织远东办事处顾问和世界稻米协会执行秘书。及至1966年正式退休后，还曾任马尼拉大学农学院教授，应该说是在一个更大的舞台上尽情挥洒，贡献才智。① 对他而言，学习农业、研究农业、服务农业贯穿一生，不啻为终生“志业”。晚年所写《感怀往事二首》之一曾有“从事农教五十年，深知小农普遍苦”② 一语，可谓其内心情怀的真实写照。

二、准确、全面理解农业教育的本质

学界一般将1897年由浙江太守林启所创杭州蚕学馆作为中国近代农业教育诞生的标志，就历史而言，农业教育在中国源不远、流亦短也，然其自清末以来的发展却是进展神速、有目共睹。根据邹秉文的统计，至抗战爆发前夕，全国高等农业教育机构已有17所，其中的国立、省立各7所，另有私立3所，而1942年更是增至27所（国立13所，省立和私立同为7所），学生总计达4 600余人。③

随着农业教育实践的逐步展开，与之相应，针对农业教育问题的学理探究也日渐增多，而到底什么是农业教育，又如何理解农业教育的内涵与外延也就顺势成为任何一个关心或研究农业教育者所必须要直面的根本性问题，章之汶也是如此。

① 供职联合国期间，章之汶先后撰写并出版了《农业教学、研究、推广综合体制》《农业推广的理论与实际》《迈进中的亚洲农业》和《亚洲农业发展新策略》4部专著，在国际农业界产生广泛影响。

② 李扬汉主编：《章之汶先生纪念文集》，南京农业大学1998年版，第48页。

③ 邹秉文：《三十一年之中国农业建设》，《中国农村》1943年第11期，第15页。

（一）农业教育的界定

那么，应怎样理解农业教育这一概念的内涵与外延？

就定义而论，在章之汶看来，农业教育亦可称作“农业职业教育”，是为“普通职业教育之一种”，其之所以会产生，端赖于“求农业分工生活之日趋于精进，对各种农业工作，施以具体生产技术的训练，与生产知识的灌输”①。也就是说，较之其他教育门类，农业教育更具实践性和可操作性，既来自于现实农业生产中的迫切需求，其实施过程反过来也能提升农民素养、推广先进技术，从而在根本上改良农业条件，达成科学高效农业之目标。

依教育层次和受教对象的不同，农业教育可分作“高等农业教育”“中等农业教育”和“农民补习教育”3类，但不论是其中哪一种，终极目的都不外于“灌输农业知识，训练农业技能，增加农业生产以改进农人生活”，其重心因故也就不在于理论研习，而是“农民职业的训练”②。在这方面，杨开道与章之汶观点类似，前者将农业教育划为“农业研究教育”“高等农业教育”“中等农业教育”“农民职业教育”和“农业推广教育”③ 5种，两人表述形式虽不尽一致，然异曲同工、形异实同。

概而言之，农业教育不仅只是“以农业学术机关研究改良之结果，推广于农民普遍种植或使用，以增进农业之生产而已”，而且还包含“教育农民，培养领袖，进而改善其整个的适当生活”④。

---

① 章之汶、辛润棠：《农业职业教育》，商务印书馆 1937 年版，第 1 页。

② 章之汶：《我国中等农业教育问题——在中央广播电台讲》，《农林新报》1936 年第 20 期，第 550 页。

③ 杨开道：《农业教育》，商务印书馆 1934 年版，第 7 页。

④ 章之汶、李醒愚：《农业推广概论》，《农林新报》1933 年第 12 期，第 28 页。

（二）农业教育的重要性

农业教育为何会如此重要，又突出表现在哪些方面？对这一问题，不同人必定有着相异的思考路径，而章之汶则更为注重从历史和现实这两条线索来切入思考、把握。

其一，在中国古代，“农业生产，关系国计民生，其重要不言而喻”①，所谓“士农工商”“民为邦本、本固邦宁”——这里的农和民主要就是指农业、农民。从整个国家的经济结构来看，农业生产不仅要为占人口大多数的农民提供基本衣食物料，而且还是作为工商业发展的基础条件。

若着眼于稳定统治的角度，农业还进一步关系到政权的稳定和巩固，但古代中国的农业发展以经验性口耳相传为主，现代科学因素基本付之阙如，难以可持续，更难实现突破性创新，而农业教育不能为农业生产提供所需动力无疑是其中一大要因。

其二，历史车轮即便进入民国——不论是北京政府还是南京国民政府时期，城市工商业虽有一定发展，但放眼全国，人口中的大部分依旧生活于农村，全国财政收入中的相当比例还是得依靠田赋催征，中国仍然是一个农业国家和农民国家，仅有的一些大城市和通商口岸犹如汪洋中的一座座“孤岛”，并未起到带动周边农村地区共同发展的作用，且农村中充斥着“贫穷”“文盲”“衰弱”“堕落”和“不安定”② 等社会问题，而要解决它们，当然需要各方面的通盘合力才行，但农业教育不可或缺，一定程度上还扮演着重要角色。

正因为此，章之汶也才会有感而发，“因为我们百分之八十为农业

---

① 章之汶：《我国过去农业改进工作之检讨》，《农林新报》1943 年第 22~24 期合刊，第 3 页。

② 章之汶：《由农村现状讲到农村改良问题》，《金大农专》1930 年第 1 期，第 145~148 页。

人口，先须谋此部分人口生活的改进，才是对策”①，“中国以农立国数千年，时至今日，农业犹为我国之主要生产，国家经济基础，实建筑于农业之上”②。

科班出身，且有过留洋经历的他，即便是到了抗战时期，仍清醒地意识到农业之于整个国家的重要性，“工业尚未发达，全国主要的生产，完全是农业生产，要发展国民经济，无疑的应力求农业生产之发展与改进，以稳定国家经济的基础”。在此大背景之下，章之汶明确指出农业教育的定位乃是作为国民经济建设中的重要一部分。毕竟“所谓‘农业’者，乃使所经营之农事，成为一种企业 Enteprise”，“欲求农业之改良，首须研究农学，而所谓农学，必须建立于自然科学基础之上”。③

换言之，章之汶的意图其实很清晰：也就是通过大力发展农业教育，使农业生产逐步由过去的经验型农业转向科技型农业，而后者也恰是包括章之汶在内的民国时期一众留洋农科学者孜孜以求的奋斗目标。

（三）农业教育的现状

成就任何一项事业，仅有概念认知还远远不够，关键在于得对其现实中所存在的问题能有一个较为理性的客观认识，并在此基础上提出兼具理想型和可操作性的具体措施，以徐图前进之。而要想改进农业教育，同样需要精准掌握其现状，找出具体问题，提出针对性措施，这才是一条正确的逻辑思维之路。

首先，章之汶认为政府对于农业教育的重视是非常不够的，也缺乏一个全国性的农业统筹机构，这与农业教育的地位极不相称。“中国农

① 章之汶：《农业与国民经济》，《农会导报》1945 年第 3 期，第 2 页。

② 章之汶、郭敏学：《三十年来之中国农业教育》，《学思》1943 年第 12 期，第 2 页。

③ 章之汶讲演、郭敏学笔记：《自然科学与农业》，《科学世界》1942 年第 6 期，第 299 页。

业建设，至今日已达到多方兼程并进之阶段，其成就若以十五年前北京政府所致力者相较，实已超过数十百倍。但就吾国农民之众土地之广农业之重要言，则现时政府所致力者仍属渺乎其小。"①

由于中国各地差异甚大，农业教育所涉范围也颇为庞杂，因此，他主张政府在制定规划时应实事求是、因地制宜，根据目前现有发展阶段和已有水平，渐进改良，而不能盲目超越，"农业教育，所包广者，一切设施，应根据我国现时代之需要，确定整个政策，然后遵照施行，逐渐推进"。

其次，聚焦到实施农业教育的主体——农业学校以及作为内部一员的教师而言，章之汶深感农业学校所面临的最大问题在于"宗旨办法之不正确"②，即对自身定位的不明晰，导致学校办学目的异常混沌，也就难要求其有更为合理的举措，而不注重专门人才的引进和所承担功课过于驳杂，都最终导致农业学校教师疲于应付讲课，没有多少时间投入相应专题研究，要求教师能有高水平成果涌现几成奢谈。

反之，教师既然都无力谋求职业发展，也将必然影响授课质量。在这方面，章之汶看得很透彻，"师资之良否，与学生毕业时程度，有密切关系，此从事教育者所公认也"③。"非于农学各门中每门至少须延聘该门之专家一人，担任教授及研究不可。"④

三、执掌金大农学院时期的农业教育实践

在中国近代众多高等农业教育机构之中，"京师大学堂农科与金陵

① 邹秉文：《三十一年之中国农业建设》，《中国农村》1943 年第 11 期，第 16 页。

② 邹秉文：《吾国农业教育之现况及将来之希望》，《教育与职业》1922 年第 35 期，第 20 页。

③ 邹秉文编：《中国农业教育问题》，商务印书馆 1923 年版，第 4 页。

④ 邹秉文：《南京高等师范学校农科八年度报告》，《江苏实业月志》1920 年第 18 期，第 34 页。

大学农科是中国近代农业教育史上的两大重镇”①。前者在日后的发展过程中逐步演变为“国立北平大学农学院”（今日中国农业大学的前身之一），后者则由“科”升格为“院”，成为鼎鼎大名的私立金陵大学农学院（在20世纪50年代初的院系调整时与南京大学农学院合组为南京农学院，也就是现今南京农业大学），两校地理位置一南一北、交相辉映，蔚为大观。

在金大农学院前后4任院长中，章之汶掌院时间最长（从1932年即开始担任副院长，分管院务），横跨八年抗战和战后南迁复员这两段金大历史上最为艰困的时期，即使算上此前裴义理（Joseph Bailie）、芮思娄（J. H. Reisner）和过探先三位农林科长，章之汶领导金大农学院的时间也仅次于1916—1927年担任农林科长的芮思娄，而这样一个前后完整，且长达十余年的时间段，也为章之汶的农业教育实践提供了广阔的工作平台。

（一）各阶段的不同任务

前文已经述及，章之汶自1923年毕业留校至其离开中国的二十多年里，先后服务于金大校内的多个岗位，但农业教育始终是他个人教学和研究的侧重。不难想见，其日后掌舵金大农学院时期的农业教育实践必定也以此前已有经验为基础，不大可能是空穴来风之举。或者说此前十多年的历练也恰使他在真正开始领导金大农学院之际，能够具备良好的理论素养和厚实的实践积累。

以1937年为界，章之汶在金大农学院工作期间可分作两个主要阶段，其对农业教育问题的思考也随着前后阶段的相继展开而逐步成熟、完整。大致说来，前一阶段为1923—1936年，主要负责农业专修科和农业教育系的工作，而后一阶段（1937—1948）则既是金大农学院历

① 包平：《二十世纪中国农业教育变迁研究》，中国三峡出版社2007年版，第23页。

史上最为艰苦，也是实力最为壮盛的时期，尤其是抗战胜利后带领全院教职工重回南京，完成整理农场、充实图书、增购仪器这三件要事，为金大农学院从战争创伤中迅速复原奠定良好基础。①

（二）金大农学院的定位

众所周知，农业教育具有很强的实践性，其理论讲授和知识传播务必得与现实中的农业生产协调配合。唯有如此，两者方能收相得益彰之效，否则，再美妙的学理演绎也将与生产实践相脱节，甚至南辕北辙。

进而言之，既要使农业教育更贴近于彼时中国农业生产实际，课堂和实验室中的有关研究成果能够直接助益于解决现实生产环节所遇到的各类棘手难题，也需建立起一套以生产实践来促推和带动农业教育的反馈机制。对于兼具学者、管理者双重职责的章之汶来说，能否运用好金大农学院这方平台，内中所涉因素颇多，但他自身对金大农学院是何定位则至为关键。

在这方面，章之汶明确将金大农学院的使命锁定于四个同等层次，它们分别是“农业师资之培养”“农业推广人才之训练”“农业职业学校之辅导”和“实用农业教材之编辑”②，应该说，章之汶的定位既有高屋建瓴的一面，也能贴近现实需求。

（三）“教学—研究—推广”体系的建立

定位准确仍然需要具体措施与之相配，而这主要指的就是当时章之汶主导之下大力推行，渗透于全院工作的“教学—研究—推广”三体系，其日后也颇有感触地慨叹道：“教学、研究、推广三一体制之树

---

① 章之汶：《复员后一年来之本校农学院》，《金陵大学校刊》1947 年第 364 号，第 4 版。

② 李扬汉主编：《章之汶先生纪念文集》，南京农业大学 1998 年版，第 31～33 页。

立，实为母校农学院能有卓越成就之最重要原因。”① 有关三者之间的具体关系，他的论述也甚为精到：

> 盖高等农业教育，必须加强研究工作，则教学始可日新月异，推广始有实际材料。在教学方面，因由针对当地农业实况研究所得之材料与方法，其培养之人才始可趋乎实际。在推广方面，有研究所得之材料，交付经过严格训练之推广人员，推广始可顺利推行而深合当地农业之需要。其在推广工作所遭遇之困难与问题，即以为进行研究之材料，复以研究所得而施于教学，则研究与教学，亦可不致落于空虚，是故研究、教学与推广，实为三位一体，互有连环性而缺一不可②。

（四）改进全国农业教育

主政金大农学院期间，章之汶的时间和精力不仅用于学院内部的农业教育工作，还从全国高度出发，谋划如何改进中国农业教育这一大问题，其这方面的思路和想法主要有以下几点：

其一，建立一个国家最高级别的综合性农政管理机构，统筹综摄全国农业教育工作和农业建设的开展。“即在树立一机构，使能负起统筹全国农业建设之责任，至于现有机构，不必加以改组，免使工作趋于停顿，故吾人主张仅须于中央及各省原有农业机关之上，增设一农业建设设计委员会，付以统筹全局之责，其主要使命在督导各方工作之趋于实际，避免彼此间工作之重复，同时从事研究中外农业大势，密切注意我国农业建设之需要。”③ 同时，国家还应在农事试验和经费划拨两方面给予

---

① 李扬汉主编：《章之汶先生纪念文集》，南京农业大学 1998 年版，第 43 页。

② 李扬汉主编：《章之汶先生纪念文集》，南京农业大学 1998 年版，第 43 页。

③ 章之汶：《对我国政府农业建设设施进一言》，《农林新报》1940 年第 1～3 期合刊，第 4 页。

大力支持，“创设国立农事试验场”和“补助各农学院研究经费”。①

其二，就农科学校而言，章之汶认为应分区设立高等农科院校，减少院校数目；加强研究工作，提高教学水准；充实研究所，培养高级人才；而中等农业教育的改进则应取消初级农业职业学校、农工并重；确定学校目的、推广全科制；加强师资训练，自行编辑教材；改进教学方法和农事实习；扩充推广活动；形成一个由高到低，从全国而地方的农业教育机构体系，包含大学农学院、农业专科学校、高级农业职业学校、农民学校、农业推广学校等。

值得一提的是，章之汶尤为强调乡村教育中应输入必要的农业内容以及农科学校应与在地条件相配合，其埋由亦令人信服，“故一切农业必须就地改良，就地推广。而农业学校为培养此项改良与推广人才之场所，亦必以某一农事自然区域之农事作业为施救对象，以谋于农事改进工作相适应”②。至于说到乡村教育与农业教育之间的关系，他的论述之于当前“三农”问题的解决都有重要参考价值，“建设乡村应以中小学为枢纽”③，小学五、六年级学生即应受农业课程，“乡村教育可以能使农村复兴，我觉得在乡村设立中心小学，来做农村建设的中心机关，是当今需要的”④。

四、结　论

除了农业教育之外，事实上，金大农学院还在以全国土地利用调查

① 章之汶：《我国农业建设前途之展望》，《农林新报》1943 年第 19~21 期合刊，第 5 页。

② 章之汶：《对于我国农业教育改进贡献几点意见》，《农林新报》1940 年第 4~6 期，第 3 页。

③ 章之汶：《建设乡村应取统一径途之刍议》，《金大农专》1933 年第 1~2 期合订本，第 6 页。

④ 章之汶：《农村复兴与乡村教育》，《青岛工商季刊》1934 年第 1 号，第 73 页。

为代表的农业经济研究（卜凯、乔启明等人），小麦（沈宗瀚）、棉花(郝钦铭)、水稻、大豆（王绶)、小米、高粱、马铃薯、玉蜀黍等作物的品种改良，采集各类标本与林业调查等方面有着卓越而不可磨灭的贡献。从中也可看出，章之汶在思考农业教育问题和擘画金大农学院的发展时，始终有着一幅“大农业”的蓝图，在他的心目中，农业教育与其他具体问题的研究之间是一个相辅相成、共推互动的关系。唯有如此，方能形成良性循环，否则，农业教育极易陷入黔驴技穷的境地而无法延展。

那么，章之汶的农业教育思想及其实践对于今天有何启示？笔者认为，至少在以下三个方面值得借鉴和进一步参考。

其一，综观上述，不难发现中国农业教育今日所面临的诸多困局并不是新难题，早于民国时期其实就已在章之汶等人的笔下成为众多学者瞩目的焦点所在。因此，对于今人而言，我们一方面需要不断创新，另一方面却也更要时时回望先贤曾经走过的路，看看他们做了哪些，听听他们说了什么，而那些没有做完、做得不够好或没有说的地方，也许就是我们整装待发、获得生机、需要进一步努力之处。

其二，章之汶一生矢志为农、克勤克俭，始终以服务农村、农民和农业为职志，而非以农事为进阶，谋得一官半职，更没有从自身好恶出发，意识形态化甚至“妖魔化”农业，而是尽可能地遵循农业发展的基本规律，回到农业作为科学的基本面，强调科学农业的重要性，倡导农业改良在促进中国农业发展进程中所起的主导性作用，而农业教育正好可以大力助推农业改良的开展，为其夯实基础、提供条件。

其三，农业教育的本质在于服务和训练，而不仅仅是做面上文章和书斋研究，需要面向广大农村和亿万农民，从他们的实际需求出发，想民之所想，急民之所急，根据中国农业发展的整体框架和各地农业实情提出有针对性的政策、建议和意见，不能不顾各地情形之间的巨大差异而要求整齐划一，这也就是农业教育的地域性和分层性。因此，农业院校的办学者务必对自身学校所处位阶和担负角色要有清晰而准确的定位，只有这样才能形成特色、锻造品牌。

第六章　董时进高等农业教育思想探究

作为“中国三农第一人”① 和著名学者、厦门大学人文学院中文系教授谢泳笔下“被遗忘的知识分子”②，董时进这位在过去很长一段时间内已被历史所湮没的20世纪前半叶中国著名农业经济学家，对于中国“三农”问题有着独到见解的“先知”③ 式学者近年来逐渐跃入公众视线，并开始受到越来越多的关注，其人其事、其文其说也开始被时人谈论和研究。了解者或读过者无不对他思考问题时的清醒、冷静和那些事后证明正确，而在当时却不被人理解的真知灼见所肃然起敬。④

目前仅有的几篇专业研究文献主要集中于董时进的经济思想、农民组党、乡村建设、土地改革和人口节育等内容，尚未见到对于他在农业教育方面所做思考的总结性论著，而若仔细翻检其著述目录即可发现，

---

① 《董时进——中国“三农”问题第一人》，王秀清、谭向勇主编：《百年农经（1905—2005）》，中国农业出版社2005年版，第108页。

② 谢泳：《逝去的年代：中国自由知识分子的命运》（修订本），福建教育出版社2013年版，第357页。

③ 熊景明：《先知者的悲哀》，香港《二十一世纪》2010年6月号，第104页。

④ 在这方面，部分媒体人反倒较之不少“三农”学者对于董时进的题材更具敏感度，如林建刚：《追寻民国农学家的传统》，《中国农村科技》2013年第220期；熊培云：《我们的声音从来没有沉没》，《学习博览》2011年第8期；李巧宁：《〈两户人家〉：一个家庭的兴衰史》，《书屋》2014年第8期；时雨：《农学家们在民国时期的农业改革之路》，《中国民族报》2013年1月11日，第7版。

董时进其实有不少关于农业教育问题的探讨和论述，且蕴含着丰富而深邃的思想。① 这还只是理论层面，而他本人曾担任国立北平大学农学院(简称“平大农学院”，中国农业大学前身) 教授、农经系主任、代理院长（1931 年 10~12 月）② 和国立四川大学农学院（简称“川大农学院”，四川农业大学前身）院长③，在两校执教经年的经历更使这些内容分量倍增，对于省思当下农业教育无疑有着重要参考价值。

一、以造就人才为根本宗旨

1900 年旧历十月十八日，董时进出生于四川垫江县（今属重庆市）武安乡天星桥董家老宅。④ 身处时代风云变幻之中的董时进敏锐觉察到社会正在发生的剧烈变动，他结合中国实际，逐渐意识到学农的重要性，于 1917 年考入国立北京农业专门学校，1921 年毕业后留学美国康奈尔大学，获农业经济学博士学位。⑤ 在他看来，农业要发展，前提条件便是以高水平农业教育作为支撑，以此为基础，造就符合中国农业所需的大批人才，这是农业教育的根本宗旨。

① 如孙大权《农业经济学家董时进的经济思想》，《福建论坛》（人文社会科学版）2010 年第 10 期；厚宇德：《董时进的人口论》，《科技导报》2013 年第 9 期；袁野、袁媛：《董时进生态农业思想初探——以水灾防范与救济思想为中心》，《辽宁行政学院学报》2010 年第 5 期；袁野：《董时进旱灾防范思想初探》，《兰台世界》2010 年第 5 期；葛静波：《权力、经济、自由：董时进思想透视》，《韶关学院学报》2014 年第 9 期。

② 北京农业大学校史资料征集小组编著：《北京农业大学校史（1949—1987）》，北京农业大学出版社 1995 年版，第 642 页。

③ 四川农大校史编写组：《四川农业大学史稿（1906—1990）》，四川农业大学出版社 1991 年版，第 14 页。

④ 董保静、胡荣伦：《董时进伯父的性情和政见》，《红岩春秋》2004 年第 6 期，第 44 页。

⑤ 熊炬：《农业专家董时进与〈现代农民〉》，政协重庆市垫江县委员会教科文卫体委员会编：《垫江县文史资料》（第五辑），2002 年，第 154 页。

（一）正确认识农业教育

对于接受过传统私塾教育和现代美国大学农学训练的董时进来说，农业教育不单是传递一门手艺，“而应该有启发思想，发展人格的作用，我们虽不可藐视技艺，然而专门传授技艺，只能算带学徒，不能算教育”①。

针对时人多以“研究高深学术，养成专门人才”这样一个放之四海而皆准的律条作为农业教育宗旨，并未立足于农业自身特点而做深入思考的局面，董时进提出中国农业教育急需的并不是这种“官样文章”式高标，“乃是事实上的宗旨，即受过高等教育之人，究应具有何种学识本领，能在社会任何种事体？故定事实的宗旨，不可一味摹仿外洋，须细审本国国情，察其需要，又宜枚举条陈，不可概括笼统”②。

简言之，来自农村的董时进非常注重从实际需要和中国自身实情出发，毕竟，各国农业所处外在客观环境和条件差异甚大，难以类似工业进行大规模统一化生产。因此，农业教育也要有一定的分工，各省农校就不必求大求全，而应以地方性为主，因地制宜，避免千篇一律，而在北京、南京等地则应建立几所全国性农科大学，以研究和解决那些关系到全国的农业基本问题，同时也为其他农校提供师资进修之所，以此联成一体，形成良好分工。

（二）培养什么样的人才

多数人似乎都认为农业学校的学生毕业后就应该直接回乡从事农业生产，才算得上学以致用，而董时进认为这只是其中一个层面，农科学生即使在其他领域亦能发挥重要作用，并不一定非得亲耕垄亩方能用其

① 董时进：《农业教育之真义》，《山东民众教育月刊》1932 年第 5 期，第 73 页。

② 董时进：《中国高等农业教育的几个根本问题》，《中华农学会报》1926 年第 51 期，第 9 页。

所学。因为农业的牵涉面极为广泛，农业生产仅为其一，另有其他多方事务需要诸种人才，以解决农业发展进程中的各环节问题。

那么，农业教育到底应培养何种人才？

董时进将造就这几方面的人才视为农业教育的重中之重：其一为农业学术人才，其中又可细分为农业技术人才（如农场、试验场中的技士和研究人员）、农业教育人才（此处主要指农业学校中包含上至校长、下至教师在内的教职员）两类；其二为农民领袖人才（如各级农会会长和各种农民团体之首领）；其三为农业行政人才（如中央农商部、各省农业厅中的工作人员和地方政府中的县知事）；其四为农业经营人才（如垦荒、畜牧和普通农场的经营者）。从中可见，董时进对农业教育的人才培养计划设想周密、全面，显然是将其置于“大农业”的整体构架之下来考量。

这里需要进一步说明的是，董时进明确将对农民领袖人才的培养单作一列，表明他充分意识到了农村缺乏领导，农民各自为政，需要有能力的人将他们组织起来，代表其发声，并逐步训练广大农民的团结意识和协作精神。更具特点的还在于董时进强调应由学农者担任县长，其理据主要是中国以农立国，农业是最为重要的产业，农民又占人口的大多数，而一县之长最重要的工作即是发展实业和教育，两者的重点都在农业和农民，只要能把这两者处理好，一县之政务即去其大半。

（三）改革课程和科目设置

要造就符合需要的人才，农业学校中的课程和科目设置自然也就需要随之改革，务必做到与之配套。

近代中国的农业教育源于 19 世纪末，实乃西学东渐之产物。历经清末民初，时至 1927 年，全国高等农科和农业专门学校共计 22 所，其中本科 14 所。① 虽有一定程度的发展，但中国农业教育仍然存在学生所学科目有限、专门，政治、经济、社会等学科知识较为缺乏的问题，

① 周邦任、费旭：《中国近代高等农业教育史》，中国农业出版社 1994 年版，第 55 页。

遂也导致不少学生在实际工作中纸上谈兵，不切实际，难以应付较为复杂的农政事务。对此，董时进呼吁农业学校应改旧制为选科制，最大限度给予学生学习的自由和空间，并在农科课程之外逐步开设政治、经济、社会、教育、历史等相关课程，供学生选修，以拓展他们的视野，适应未来社会发展的多样化需求。

更为难能可贵的是，董时进彼时就已具先见之明地指出农科大学专业过于单一，“单科大学之弊，即在其不能使学子见闻宏博，养成宽大的态度”，“实科学生，缺乏文理的修养，遂不免成为机械。调剂之道，在使学子于本行之外，至少须具有他科之重要常识”①。故农科大学应在主科之外渐渐向多科性大学发展，或与综合性大学合作，作为其附设之农学院，如确实无法合作，也应增加科目，扩充课程，使其完备，否则将极不利于人才的成长，也会使自身发展受限。

二、教、学、做三结合

既以造就人才为农业教育的根本宗旨，农业学校的办学无疑就得有效结合教、学、做三端，而农科学生在校期间的学习也应将此理念努力贯彻，这意味着不仅要学习“洋理论”，而且还得通过实践（也就是这里所说的“做”）对其进行检验，加以吸收、消化。具体而言，主要包括以下三个方面。

（一）兼采中西，扎根本土

作为现代西方学术之一的科学农学，在中国经历了“从引进到本土化”② 的艰难过程。从 20 世纪 20 年代开始，“中国的农业教育家和

① 董时进：《中国高等农业教育的几个根本问题》，《中华农学会报》1926 年第 51 期，第 12 页。

② 曹幸穗：《从引进到本土化：民国时期的农业科技》，《古今农业》2004 年第 1 期，第 45 页。

农业科学家，开始倾力于编写切合中国农业实际的大学教科书”①，即用中国人自己所熟悉的语言来转述农学之理，并辅以中国历史传统和社会经验进行综合诠释。与之相似，西方经济学的东来亦是移植性变迁以及在此基础上的创新，特别是留学生前往欧美学习返国后，对于经济学在中国的发展起到了极为关键的“中介”和“前锋”②作用，并逐渐取代此前的传教士，成为传播、译介现代西方经济学的主力。

这一时期，已经在大学任教的董时进深感中国以农立国，农业发展直接关系到全国民众的基本物质需要和国家、社会的命脉。如他所言，“农业是有永久性的，无论在任何时代，农业都占着重要的地位”③。“中国农业，因其经济上之重要，对于国家政治及社会秩序，亦有至大之关系，欲救济中国之不安，亦非谋农业之振兴，使农民之经济及生活得舒解，而能自安其业不可也。”④其经济问题毫无疑问也就需要进行专门研究，以供各界斟酌参考。

正因为有此急需，专攻农业经济学的董时进迫切感到必须改变农业教育脱离中国实际的尴尬境地，逐步减少教员多为外聘，教材直接采自西方原著的状况，渐次使用本国术有专长者，编写符合中国国情的高质量教科书，这也就是当时在中国学界乃已成为共识的“科学的国语化”和“科学教科书的中国化”。学者和教师的使命在于将西方学说与中国实际相结合，并陆续开展有关中国农业史及其理论的研究，最终实现农业教育的本土化，而非亦步亦趋，尾随于后，仅靠翻译西方教本。⑤

---

① 邹进泰、张爱虎编著：《激荡百年：大国农业（1912—2012）》，中国法制出版社2012年版，第23页。

② 邹进文、黄爱兰：《移植与创新：中国近代经济学百年变迁鸟瞰》，《江汉论坛》2013年第6期，第54页。

③ 董时进讲、廖俊笔记：《改进中国农业之实际问题》，《民间》1937年第5期，第1页。

④ 董时进：《农业经济学》，北平文化学社1933年版，第57页。

⑤ 林毅夫：《本体与常无：经济学方法论对话》，北京大学出版社2012年版，第266页。

为了更好地传达这一理念，董时进本人还撰写并出版了《农业经济学》一书，将西方学理与中国农业相结合，而除了此书之外，《国防与农业》《食料与人口》《中国农业政策》和《农村合作》等多部专著也都蕴含着他立足中国、兼采中西的研究原则。① 为北大经济系四年级所开设的农业经济学一课被分为“农业经济学之重要原理”和“中国农业及农民之经济问题”② 两个部分也能说明这一点。

（二）农经与农技两相结合

著名经济学家、诺贝尔经济学奖获得者舒尔茨（Theodore W. Schultz）将农业经济学界定为两个方面的结合：其一为所有与农业有关的经济活动（农场经济、农业部门、农业体制），其二是对农业部门特征的经济分析。③ 就学科属性而言，农业经济学横跨农学和经济学，是两者结合的产物，属于应用经济学范畴，而与一般经济学（或曰理论经济学）相对。与欧美不同，就中国而言，由于农业在当时所占份额及其对国家的极端重要性，中国的经济某种程度上其实就是农业经济。

农业是一项实业，其目的不仅仅只是为了生产、丰收，更主要的还在于通过它获利，收到实际效果。因此，在实际生产过程中，也就需要特别注重利益与损失的关系，明确生产的数量多寡与利益大小并非等同，需要区别对待，不能混淆。“农业发达，不是讲农民数目的多，也不是论农田面积的大，是要农产物——原料或食品有余无不足。”④

① 于光远主编：《经济大辞典》（补编本），上海辞书出版社 2000 年版，第 358 页。

② 孙家红：《通往经世济民之路——北京大学经济学科发展史（1898—1949）》，北京大学出版社 2012 年版，第 93 页。

③ 克洛德·热叙阿、克里斯蒂昂·拉布鲁斯、达尼埃尔·维特里、达米安·戈蒙主编：《农业经济学》（修订版），李玉平、郭庆岚等译，社会科学文献出版社 2013 年版，第 10 页。

④ 董时进：《理想的东亚大农国》，《东方杂志》1927 年第 11 号，第 2 页。

“所谓科学的农业者，即农业之经营，须合乎科学之法则。”① 董时进进一步解释道，农业包含技术和经济两个层面，前者追求产量的提高，而后者则是尽可能降低生产成本，而农业经济又可分为两支，一为个人，曰农业经营，以个人利益为主，另一为社会或国家，曰农业经济或农政，侧重于如何增加社会或国家的利益，使其充分发达。农业经济包含很多细目，如土地经济、土地分配问题、土地整理、土地改良和租佃关系等。②

总之，“农业经济学即以损益为前提，而讲求农业经济方面的事情与问题之科学，其功用在指示增加农民利益，发展国家农业的途径，以辅助社会全体的繁荣”③。董时进提出农经与农技不仅相互关联，而且不可分离，相互依托。农经专业学生必须先过农业技术这一关，学习农业经济，首先就得具备农业的基本知识，如土壤、肥料、作物、畜牧、园艺和病虫害等，学好之后方可用之于对农业经济问题的分析，否则就是空中楼阁，不着边际。在他担任平大农学院院长期间，农经系低年级学生就与其他专业一同上课，以学习农学相关课程为主，待到高年级后再辅以经济学的基本理论学习。

（三）落实学生的实习与训练

“农业本为一种应用科学。理论与实习。应双方并重。夫所谓实习者。非仅每星期数小时农场实习而已。凡各种农业功课，如土壤、病理、昆虫、肥料等类，均应有实验。”④ 不难理解，有别于人文社会科学，农科学习除了基础理论之外，学生的课外实习和田间训练就显得至

① 董时进：《科学的农业与中国之改造》，《科学》1924 年第 7 期，第 738 页。

② 董时进：《农业经济学研究什么？学了农业经济可以干什么?》，王秀清、谭向勇主编：《百年农经（1905—2005）》，中国农业出版社 2015 年版，第 105 页。

③ 张仲葛编著：《中国近代高等农业教育的发祥（1905—1949）》，北京农业大学出版社 1992 年版，第 93 页。

④ 中国农学会华恕主编：《邹秉文纪念集》，农业出版社 1988 年版，第 13 页。

关重要。一旦欠缺这两者，也就不可能指望学生在生产实践中真正发挥作用。

针对当时国内农业院校所存在的课程普通、实习时间少、农科学生视野较之其他专业狭窄等诸多共通性问题，董时进在任职平大农学院和川大农学院期间，一直谋求将调查研究、科学试验和学术交流有机结合，尤其强调学生理论学习之外实习与训练的重要性。农业学校必须同时具备田产和试验场，以供教师和学生课余实践所用。为了改变当时学生中普遍存在的实习无目的，只为敷衍点卯，没有实际内容，好比上衙门，董时进直言应干脆取消，其论述如下：

> 欲学生得农业的实地经验，宜使之到田间，从事长期的练习，考察经营的方法。农校所最应着重者为实验。实验之目的在使学者能彻底了解教师之所讲述，并预备作进一步研究的工作。实验之方法及种类甚多，除实验室而外，试验场温室以至于各乡村，无不可以供实验之用。实验不必限定每星期若干小时之照例工作，对于高级学生，应指定问题，使以实验方法解决之。则其实验之际，不得不兼用心思，以养成其自动解决难题之习惯于能力。①

董时进的这番话平实而具深意，并没有什么高深学理可言，只是从常识出发摆事实、讲道理，尊重农业的基本规律，强调教师应透过实验环节引导学生的问题意识，提升实际操作能力，逐步培养研究兴趣。但难也就难在对于常识的坚守，而董时进做到了。

三、办学应直接面向农村和农民

董时进来自农村，对于农村现状和农民的实际需要了然于胸，一贯

① 董时进：《中国高等农业教育的几个根本问题》，《中华农学会报》1926年第51期，第14页。

的务实作风也在他日后办学中得到充分体现，据此提出农业学校应直接面向农村和农民，而不能像综合性大学或文理科学校那样，以理论讲授和课堂研习为主，不闻不问现实中的农业生产和农民生活。

（一）拆除“围墙”，与农民融为一体

中国古代虽早就有农业教育，但更多的是经验性积累，并未走上以农业科学为基础，依托于中高等农业学校的发展路径。更何况当时的绝大多数读书人皆以科举功名为正途，“传统儒生对于有关实业的、治生的、劳力的教育，大都采取鄙视和不屑的态度，其地位远不如普通教育之高”①。“要读书的人耕田，比要耕田的人读书尤其困难。因为中国人一向尊重读书人，轻视庄稼汉，读书人又闲逸，又高贵，耕田的又劳苦，又贫贱。”②

对此，董时进提出农业学校应拆除“围墙”，走入乡间，切勿故步自封，农科学生也应与农民融为一体，熟悉他们的日常生活和体味他们的酸甜苦辣。“我素来认为要知道乡村的秘密，和农民的隐情，惟有到乡下去居住，并且最好是到自己的本乡本土去居住。”③ 在任职平大农学院期间，他将平大农学院所在地罗道庄附近的村庄联合起来，作为农村实验区，并抽调农经系高年级学生参与建设工作，下分总务、涉及和业务三组，均由实习的三年级学生担纲。实验区内办有托儿所、诊疗所、博物馆等设施，为农民提供相应服务，同时办有农村青年训练班，以夜校补习形式提升他们的文化素质和农事技能。

（二）重视农推，以农民需求为准

董时进也对农业推广工作甚为重视，但他的理解与一般人有所不

---

① 张宪文、张玉法主编：《中华民国专题史》（第十卷），南京大学出版社2015年版，第171页。

② 董时进：《如何打通农学生的出路》，《江西农讯》1935年第13期，第247页。

③ 董时进：《乡居杂记》（一），《独立评论》1932年第28号，第10页。

同。“‘农业推广’实际并非农业推广，乃是农业教育推广，或农业推广教育，因为我们不是要推广农业，乃是要推广农业教育，不是要中国人个个都去务农，乃是要现在务农或想务农的人，得到农业的和关于农家买卖及生活的新知识。”① 也就是说，农业推广目的在于改良农业和改进乡村生活，不单为农民所办，也为国家和全体人民所服务。

这就涉及对农民实际需求的准确判断，如果农业推广的内容不符合农民需求，势必导致浪费资源。董时进深感“农民所最感困难，而又最无办法的，到底还是一个穷字，这一个字不解决，就教他们识几个字，给他们一点公民或生活常识，他们拿去，也没有多大用处。从事乡村工作，若单讲普通的组织训练，而不能在农民的职业上有帮助，使他们得到物质上的利益，久了便会感觉空虚，甚至于使农民失望，或增加他们的烦恼”②。进而需教他们知农，“我们很可以用农业上的现象和问题来教育乡下人，不但使他们知道他们一天所干的是什么，并且可以借此教他们数学，论理学，经济学，和各种科学的知识。同时也可以训练他们的脑筋，开通他们的思想，增加他们解决问题，辨别事理的能力。这些是真正的教育，特别是农民所需要的教育”③。

最根本之处在于董时进对农民自身选择的尊重和理解，而未以居高临下之态训育民众，如他自己所言，“我不敢说农法一定很好，但是我敢说，就他们所有的资源和环境讲（土地资本、地方状况等），总算作得不坏，恐怕教任何国家的农民，处到同样的境地，也未必能多超过他们的生产”④。

---

① 董时进：《农业推广教育的几个根本问题》，《农村月刊》1930 年第 10 期，第 26 页。

② 董时进：《两件重要乡村工作》，《江西农讯》1935 年第 22 期，第 412 页。

③ 董时进：《乡下目前最需要什么样的教育》，《独立评论》1933 年第 47 号，第 18 页。

④ 董时进：《乡下目前最需要什么样的教育》，《独立评论》1933 年第 47 号，第 17 页。

四、意义与启示

“在政治、文化和科学领域中，提出新见解，首先冲破那些阻碍历史发展的旧传统的束缚的，总是个别人；能够迅速认同新见解的也往往只能是少数人，而多数人往往一时难以接受对他们完全陌生的新思想。”① 持平而论，这段话用来形容董时进的一生遭遇可谓恰如其分！然而，梳理董时进的农业教育思想却是启发良多，下述两点尤为值得一提。

其一，到底谁最懂得农民？这个问题其实并不难回答，只有农民自己最了解，而他人最常犯，也最应避免的恰恰是以己之意为农民着想、擘画。董时进说得很好，“那些没有知识，靠天吃饭、墨守旧法的农民，所用的一些器具及方法，在他们的环境和各种条件限制之下，恐怕是最适合的、最经济的，也是最难改变的。世间事物，都有整套性，必须能配合”②。揆诸历史和当下，他的这番话和前文所引相关言论显然是站在了时代的前列。

其二，农业教育旨在培养人才，以服务于中国农业，这就必然要求农业学校的办学应从实际出发，尊重农业赖以发展的客观历史环境，并指导学生从政治、经济、文化等多角度综合考察，切忌将中国农业问题“技术化”，更不能照抄、照搬他国农业道路。

最后还是以董时进的箴言作结：“中国的农业乃是中国环境的产物，是整个社会和经济结构的一部分，是历代经验演变出来的成绩。要使农业方法和农业用具发生重大的改变，必须市场、运输、工商业，以及土地和人口的比率等，都有改变，才能办到。”③

① 许良英、王来棣：《民主的历史》，法律出版社 2015 年版，第 22 页。
② 董时进：《两户人家》，学林出版社 2012 年版，第 235 页。
③ 董时进：《两户人家》，学林出版社 2012 年版，第 235 页。

第七章　中国近代高等农业教育水准透视

——以王绶和金大农学院抗战时期的三份学程表为例

中国近代的高等教育版图犹如百花园，各领风骚、群芳争艳，既有北京大学和清华大学这样的国字号“天之骄子”，也不乏南开大学、厦门大学等私立名校，而以“在华十四所”（燕京大学、齐鲁大学、金陵女子文理学院、金陵大学、东吴大学、沪江大学、圣约翰大学、之江大学、福建协和大学、岭南大学、长沙雅礼大学、湖北文华书院、武昌博文书院、华西协和大学）为代表的教会学校（一般以文理科为主，并辅以特色科目），规模虽较国立大学“文法理工农”皆备略逊一筹，然其“小而精”式办学思路却也为中国培养了大批既博且专的各式专门人才，特别是在医农两大应用科学和隶属新兴社会科学的法学、社会学中的表现最为靓丽、抢眼。

在这十四所教会大学之中，地处六朝古都南京的金陵大学（以下简称金大）以其农学院（初为农科，继之为农林科，最后才升格为农学院，1952 年院系调整时与原中央大学农学院合组为新的南京农学院，也就是现南京农业大学的前身）各专业不仅在当时闻名遐迩，而且也为现今不少教育研究者和“民国粉”所追慕，“老金陵”已然成为一块社会各界公认的金字招牌。

金大农学院之所以能够成为后人在书写中国近代高等农业教育史时无法绕过的一座丰碑，主要还是源自其自身高质量的教学（涵盖本科、研究生两个层次）水准和高水平的农学研究业绩，除去来自各方的外部支持和帮助（如美国康奈尔大学农学院的“对口”支援）之外，一流的师资以及课程设置无疑是其成就“名山盛世”的重要因素。这也能直接反映彼时中国高等农业教育究竟达至何等水准，通过下文所要讨论的金大农学院农艺系抗战时期的三份学程表即可得到很好说明。①

鉴于年代久远，人物远逝，笔者将采取传记史学之手法，夹叙夹议，并对表中所涉人与事——特别是身处时代大潮中的王绶平生志业抱负一叙梗概。

一、三份学程表的主要内容评述

说起这三份学程表，就不得不先提及金大抗战时期的悲壮西迁。

根据《南京农业大学史志（1914—1988）》所载，上海八一三事变后，金大与地处成都的华西大学商洽，决定迁往四川。1937 年 11 月，开始迁移工作，农学院人员及图书仪器标本共计 175 箱随校本部一同迁往华西大学。

第一批于 11 月 25 日动身，这是人数最多的一批，乘川沙号江轮溯江而上，由裘家奎教授和孙明经老师率领，最后一批人员则于 12 月 3 日撤离。另成立“留宁委员会”，由美籍教授贝德士（Miner Searle Bates）、史德蔚（A. N. Steward）、林查理（Charles Riggs）、史迈士（Lewis S. C. Smythe）和农学院森林系主任陈嵘教授、齐兆昌先生负责监管校产。作为农艺系负责人，王绶此时的主要任务是和理学院马杰教授协助陈裕光校长，会同在重庆的校友们负责师生抵达后的接应工作，并联系去成都的交通。几个月后的 1938 年 3 月 4 日，“虽然有些建筑尚

① 笔者在前期搜集资料过程中，除了山西农业大学农学院韩渊怀教授助益良多之外，另还曾访问山西农业大学农学院苗果园、程舜华和原基础部（现为文理学院）主任郭定成这三位退休老教授，他们对王绶先生当年行谊的口述回忆亦对笔者启发甚大。

未完工，全校正式开学”①。

国难方殷，但包括金大在内的各高校却依然弦歌不辍，“扩大了学校的规模，取得一批国内外瞩目的科研成果”②，而这些成就的取得无不有赖于教学和科研始终能够维持较高水准，通过现存《私立金陵、华西协和、齐鲁、燕京大学暨金陵女子文理学院联合招生简章（一九四四年度第一学期）》中所载考生投考资格一项以及各院系招生时的考试科目，就能约略窥探当时金大本科教育的概貌。根据这份简章的规定，“凡投考一年级者，须在公立或已立案之私立高中（或同等学校）毕业经会考及格或准予升学者”，“转学生以公立或已立案之私立大学正式肄业学生为限（最高转入三年级上学期）”。③

具体到考试科目，理学院的考试科目为公民、国文、英文、数学（高等代数、解析几何、三角）、中外史地、理化、生物，医农各学院及理学院生物系、家政学系、药学系除数学考平面几何而不考解析几何外，其余各科均与理学院相同。④ 与时下高考中的理科科目相较，除了国文、英文、数学和理化、生物等类似之外（这些也都是基础科目），还需考核中外史地这样的文科科目，于此也就不难理解民国时期所培养的理科生为何不仅会做题，而且也有着丰富的心灵和宽广的知识面了，这与高中阶段的课程设置和大学入学考试科目之间有着密切关联。

考试要求如此之高，通常情况下意味着平时的日常教学水准也不低，这是一个合理的逻辑。表 1 和表 2 或能说明金大农学院对农科基础知识的重视程度，且并未因抗战维建而降低对学生能力培养的要求。

① 费旭、周邦任编撰：《南京农业大学史志（1914—1988）》，南京农业大学农业教育信息中心，1994 年，第 29 页。

② 张宪文主编：《金陵大学史》，南京大学出版社 2002 年版，第 79 页。

③ 南京大学高教研究所校史编写组编：《金陵大学史料集》，南京大学出版社 1989 年版，第 54 页。

④ 南京大学高教研究所校史编写组编：《金陵大学史料集》，南京大学出版社 1989 年版，第 55 页。

表 1　　　　金大农学院一、二年级抗战时期的共同课程①

课程	学分	学期	与部颁标准比较
国文	6	2	多 2 学分
英文	8	2	部章规定 6~8 学分
农学概论	8	2	多 2 学分
植物学	6	2	符合
动物学	3	2	植物病虫害系增加学分
有机化学	4	2	减少 2~4 学分，改为 1 期
农业经济学	3	2	减少 1~3 学分，改为 1 期
地质学	本院改为主系必修		部章为 3~4 学分

表 2　　　　农艺学系主修课程学分与部颁学分略作修改说明②

课程	部拟学分（修正草案）	本院拟定学分
作物学	12	9
遗传学	3	4
细胞学	0	2
作物育种学	4	4
生物统计学	2~3	2
田间技术	2~3	2
土壤肥料学	6	6
昆虫及经济昆虫学	6	5
植物生理学	4~6	3
气象学	2~3	2

① 费旭、周邦任编撰：《南京农业大学史志（1914—1988）》，南京农业大学农业教育信息中心，1994 年，第 31 页。

② 费旭、周邦任编撰：《南京农业大学史志（1914—1988）》，南京农业大学农业教育信息中心，1994 年，第 31 页。

续表

课程	部拟学分（修正草案）	本院拟定学分
农具学	2~3	2
农艺讨论	2~4	0
设计实习	0	2
毕业论文	2	2
农场管理	3~4	4
植物病理	4~6	4
合计	54~65	53

全面抗战的八年，金大农学院下设一室（院长室）三会（教务委员会、研究委员会和推广委员会）八系（农业经济系、农艺系、农村教育系、植物学系、园艺系、森林系、蚕桑系、植物病虫害系），而农艺系在这八个系中又最为卓著，不仅历史悠久，“一九一四年创办的金陵大学农科即为本系前身”①，而且师资配备也极为雄厚，历任系主任也都是金大农学院和中国该领域内的顶级专家。

自 1926 年正式成立农艺系至中华人民共和国成立初期院系调整之前，除首任系主任、美国农业传教士祁家治（G. E. Riytchey）短暂主持外，其余皆为彼时中国农学界的一时之选，他们分别是郝钦铭（1927）、沈宗翰（1931）、王绶（1932）、汤湘雨（1940 年夏）、靳自重（1941）、黄瑞采（代理，1945 年 2 月）、马育华（1951），而王绶正是农艺系第四任系主任，且还是主系时间最长的一位“舵手”。及至抗战西迁之前的 1937 年夏，农艺系共设作物改良、土壤肥料、农业工程和农事试验场四组，1940 年夏，增设研究部，王绶、郝钦铭、吴绍骙、靳自重先后主持部务，形成涵盖本科教学和研究生培养的完整

① 《南京农业大学发展史》编委会编：《南京农业大学发展史 · 历史卷》，中国农业出版社 2012 年版，第 185 页。

进阶。

正是在此背景之下，西迁大后方的王绶于四川华西坝写就这篇全面总结农艺系入川十个月来研究、教学和推广三方进展的《本院农艺系迁蓉后十个月来工作概况》一文。在文中第二部分，按照教学时序，先后列举农艺系春秋两季所开之学程表（表3、表4）和部分教师外兼课程表（表5），这也就是标题中所说的三份学程表。

表3　　**春季学程表**①

学程	学分数	教授人	学生人数
一四一作物学	三	高立民	二四
一四三A土地改良学	三	黄瑞采	一八
一四四A肥料学	三	雷曲生、黄瑞采	一二
一五一作物育种学	四	郝钦铭、朱爟炳	一三
一五三P农艺设计实习	一	顾元亮	一二
一五四土壤细菌学	三	陈维	四
一五五B高级土壤学	三	陈维	四
一六七B田间技术	一	王绶、马育华	一五
一七〇T毕业论文	二	本系同仁	六
共计　九学程	二三学分		一〇八人

表4　　**秋季学程表**②

学程	学分数	教授人	学生数
一四〇作物学	二	高立民	二五
一四二土壤学	三	黄瑞采	二九

①　王绶：《本院农艺系迁蓉后十个月来工作概况》，《农林新报》1939年第1~2期合刊，第8页。

②　王绶：《本院农艺系迁蓉后十个月来工作概况》，《农林新报》1939年第1~2期合刊，第8页。

续表

学程	学分数	教授人	学生数
一四九 A 肥料分析	二	陈维	四
一五〇遗传学	四	汤湘雨、李焕章	二〇
一五二 P 农艺设计实习	一	顾元亮	一三
一五五 A 高级土壤学	三	陈维	二
一五六土壤分类及调查	一	黄瑞采	六
一六一棉作学	三	郝钦铭、顾元亮	七
一六七 A 生物统计学	一	王绶、马育华	一七
一七一农艺讨论	一	王绶	七
一七〇T 毕业论文	二	本系同仁	二
共计十一学程	二三学分		一三二人

表 5　**兼任课程表①**

本院农专科育种学	王绶
川大肥料学	黄瑞采
川大土壤学	陈维
华大专修班作物学	李焕章
华大专修班土壤学	冯兆麟

综合上述三表，不难得出以下两方面信息：

第一，金大农学院农艺系的教学和研究以作物学作为主要方向，聚集了包括王绶在内的一批著名作物学家。从整个近代中国农学发展的长程视角来看，这一状况也反映了民国时期中国农学的基本脉络。毕竟，

① 王绶：《本院农艺系迁蓉后十个月来工作概况》，《农林新报》1939 年第 1~2 期合刊，第 9 页。

在农学诸多分支学科之中，“作物学是近代农学发展较快的学科”①，其研究对象“从早期的稻、麦、棉逐渐扩大到粮油、糖、麻、烟等门类齐全的大小作物”，而研究内容也“从笼统的农学分化为围绕育种和栽培两大中心而形成品种资源、遗传育种、耕作栽培、作物生态、生理生化、产品加工等分支学科或领域”②。

第二，因处战时环境，抗战时期大学教员的生活水平普遍较低，金大农学院农艺系也不例外，早已不复战前南京时期黄金十年的安逸和舒适。面对物质生活的艰难困苦，去往他校兼课也就成为教员们（尤其是家中人口多者）努力改善生活的主要途径，而近在咫尺，拥有农科相应专业或农学院的华西协和大学和四川大学便成为首选。前者的负责人为加拿大籍传教士、植物学家丁克生（Frank Dickinson），而后者此时的掌院者为著名农业经济学家董时进（康奈尔大学农业经济学博士），他们两人也都是民国时期的农界翘楚。

笔者在此兹以王绶文中的最后一段话作为本节结语，“本系过去的各项工作，曾有显著的表现，不幸工作地点沦陷，而重建新工作地点，殊非易事，所幸同仁等精诚合作，加倍努力，为时虽暂，尚无负于时日，诚幸事也，今也大事粗定，设备亦较数月前充实，今后工作，当较前更加努力，以希无负于国人之望，幸各方时示南针为祷，兹当岁首作此简报，献诸国人，并致谢全系同仁云”③。

二、三份学程表背后的人物悲欢

三份表格内容清晰、一目了然，然其背后却也有着极为丰富而精彩的人生故事，需要进一步叙说，先从王绶本人开始。

① 张剑：《中国近代农学的发展——科学家集体传记角度的分析》，《中国科技史》2006年第1期，第3页。

② 中国科学技术协会编：《中国科学技术专家传略（农学编）》（作物卷1），中国科学技术出版社1993年版，第4页。

③ 王绶：《本院农艺系迁蓉后十个月来工作概况》，《农林新报》1939年第1~2期合刊，第9页。

自抗战全面爆发后，王绶一方面将家中老小送回老家避难；另一方面，自己则随校西迁入川，继续授课并坚持在南京时未能完成的试验研究工作。1941 年，随着山西沦陷于日寇铁蹄之下，家眷六口离故乡、过黄河、转西安，准备前往四川会合。在得知此消息后，王绶启程北上，会家眷于西北农学院。① 应该也就是在此时，农艺系研究部的工作转由郝钦铭负责。

然而，因战事频繁，道路崎岖，王绶只好留任西北农学院农艺系教授兼农场技正，1942 年又兼教务长一职，并被任命为中央农业试验所技正和农林部西北农业推广繁殖站主任。直至抗战胜利后，到 1946 年才得返南京，于同年出任农林部农业推广委员会粮食生产组主任和农林部粮食生产委员会专门委员会联席会议主席两职，同时也兼任金大农学院教授，讲授生物统计和田间技术等课程，教学科研之外已然向农业行政领域扩展，这也为王绶在中华人民共和国成立后奉调入京接掌全国粮食工作埋下了伏笔。

同为民国时期著名晋籍农学家的郝钦铭（1896 年出生，武乡县人，1923 年毕业于金大农科，后留校任教，1933—1937 年留学美国康奈尔大学，获硕士学位后于抗战爆发前回国）则未能坚持到抗战胜利，这位我国早期棉花栽培育种专家不幸于 1943 年因患胃癌逝世，留下《检定及分布改良品种之方法》（金陵大学农学院丛刊 21 号，1934 年）、《棉作学》（上下两册，商务印书馆 1940 年版）、《作物育种学》（商务印书馆 1946 年版）、《遗传学》（正中书局 1948 年版）等多部论著。

郝钦铭、王绶两人年岁相仿，大致皆属于许纪霖所说的近代中国“第三代知识分子”（也即“后五四知识分子”，出生于 1895—1910 年），他们的家乡同属今天的山西省长治市，且相继留美，也都是在康奈尔大学。作为杰出农学家，郝钦铭正当盛年，抱憾而终，不消说，其早逝显然与上文所说的战时生活艰难脱不开干系。浙江大学教授张阴麟因肾炎于 1942 年在贵州遵义逝世也属于类似情况。

---

① 关联芳主编：《西北农业大学校史》，陕西人民出版社 1986 年版，第 28 页。

汤湘雨（1907年出生，湖南岳阳人）的人生经历也是一段传奇。同为金大毕业的他于1934年考取清华第二届公费留美生（另有赵九章、钱学森、殷宏章、张光斗、王竹溪等人）。1937年，30岁之际即获康奈尔大学博士学位（专攻遗传细胞学），但就在回国之后不到五年，在与同事前往川西考察游览结束之后回程时，因所乘轮船翻船而于途中遇难。他所在的汤氏家族也很有“说头”，其大姐汤汉志为著名妇产科专家，大姐夫则是毛泽东挚友、著名细菌学家李振翩，汤湘雨去世后所留下的孩子由大姐一家抚养；另有两个妹妹则分别嫁给了金大同学靳自重和康奈尔时期的同学杨显东，汤湘雨都是“媒人”，而靳、杨两人也都是著名农学家。①

相比之下，表3至表5中的其他教授则属王绶和郝钦铭的“学生辈”。高立民（1905年出生，湖北武汉人，金大1932年毕业，历任金大教授和农场场长，长期从事水稻栽培学的教学和科研）、黄瑞采（1907年出生，江苏南京人，金大农学院1929年毕业，留美硕士，创建中国土壤学会，并于1947年担任理事长一职，从事土壤学研究）略长，李焕章（1911年出生，河北秦皇岛人，金大农学院农艺系1936年毕业，后留校担任助教，1982—1984年曾任山西农业大学副校长，小麦专家）、马育华（1912年出生，广东海丰人，金大农学院农艺系1936年毕业，1935年起即任王绶的助教，可谓直系弟子，1950年获得伊利诺伊大学博士学位后毅然回到祖国怀抱，金大中华人民共和国成立后第一任农学系主任和院系调整后南京农学院农学系第一任系主任，创建南京农业大学大豆研究所，开拓中国植物数量遗传学）更晚一些，其中的李焕章日后也将终老山西农业大学。

值得一提的是顾元亮（1909年出生，江苏常州人）。1933年于金大农学院农艺系毕业后的他先是留校任教，1940年转任西北农学院副教授，1948年赴美留学，1949年8月在康奈尔大学获得硕士学位，后应时任台湾大学校长傅斯年之邀于1950年赴台，与先期到达的家人团

---

① 《李振翩传》，政协湖南省娄底市委员会文史资料研究委员会：《娄底文史》（第四辑），1996年，第54页。

聚，任教台湾大学农学院农学系，后曾任农学院院长、试验场场长、台湾大学教务长和“考试院”第五届“考试委员”等职，也是表中唯一一位去台学者。① 雷曲生、朱爟炳、陈维和冯兆麟四位则受限于资料，迄今仍无法对他们的生平一探究竟。

从年龄来看，在上述学程表可知生卒年月的八人中，除去王绶、郝钦铭出生于 19 世纪 90 年代之外，其余六人全部出生于 20 世纪头 20 年，最小的马育华此时不过 26 岁，最大的高立民也不过三十出头。即便是王绶、郝钦铭，也仅仅是刚过不惑之年。可见金大农学院农艺系是一支非常年轻但又结构合理的教研团队。从学习经历来看，这八人的国内教育背景全部毕业于金大，其中王绶、郝钦铭和汤湘雨三人已经完成康奈尔大学的学习，黄瑞采则是自费留学加州大学和明尼苏达大学，四人全部获得硕士或博士学位。可以说，两方面因素的加总充分保证了团队内部的凝聚力，也有利于学术共识的形成，使金大农学院农艺系的教研水平始终能够跟上国际步伐，这样一支团队的“战斗力”不言而喻！

三、中华人民共和国成立之后的王绶

最后，再来看看王绶在中华人民共和国成立后的遭际和境遇。

南京解放前夕，虽有一国民党“立法委员”和同乡好友规劝其前往美国或跟着国民党走，但王绶坚决不同意，而是选择继续留在大陆，以迎接新生的中华人民共和国。1950 年奉调入京，担任农业部粮食生产司司长，并被授予一级农业总技师称号。1952 年，加入中国国民党中央革命委员会，直至调离农业部，一直是民革农业部支部的召集人。

1956 年 3 月，与吴觉农（著名农学家、农业经济学家，现代茶叶事业复兴和发展的奠基人）、金善宝（小麦育种学家、农业教育家，中

① 顾元亮专攻育种和特用作物学，对棉、麻、烟、茶、香茅等均有深入研究和贡献，尤其专精于田间设计。可参见陈吉龙：《常州旅居台港澳和海外部分人士名录》，中国人民政治协商会议江苏省常州市委员会文史研究委员会编：《常州文史资料》（第十辑），1992 年，第 346 页；欧素瑛：《传承与创新：战后初期台湾大学的再出发（1945—1950）》，台湾书房 2012 年版，第 382 页。

国现代小麦育种学科奠基人）、陈凤桐（著名农学家和农业科技管理专家）一同被选为中国农学会副理事长（理事长为杨显东）和《农业学报》主编，光荣出席了1957年举行的全国首届农业劳动模范代表大会。同年，转任中国农业科学院作物育种栽培研究所（现为作物科学研究所）所长一职。①

1958年9月，虽已过花甲之年，但为了发展高等农业教育，响应山西省委省政府的号召，王绶重返桑梓，就任山西农学院院长一职，其金陵同学、亦是晋籍同乡的著名农业经济学家和农村社会学家乔启明（1897年出生，运城临猗县人）也于此时莅校，担任分管后勤的副校长。

教学科研条件虽然艰苦，但王绶从实际出发，在校内建立生物统计、大豆、遗传和生理等研究室，除继续进行大豆科研工作之外，大力奖掖和提携有志于科研——特别是对大豆研究有兴趣的青年教师，带出一批学术骨干（杰出者如吕世霖②），培育了适合黄淮流域种植的多个

① 中国农业科学院编：《中国农业科学院志》，中国农业科学技术出版社2001年版，第567、618页。

② 吕世霖（1930—1982），山东泰安人，自小随在铁路部门工作的父亲生活于济南，1949年考取辅仁大学农学院。1949年后，转至华北大学农学院（石家庄）就读，后因该校与清华大学农学院、北京大学农学院合组为新的北京农业大学（今中国农业大学前身），1953年本科即毕业于北京农业大学，1953—1956年继续在该校攻读研究生，所学专业为作物栽培，师从著名作物栽培学家和农业教育家郑丕尧先生。毕业后，由国家统一分配至山西农学院工作。因对大豆研究有兴趣，在王绶莅校主持校政后，逐渐成为其大豆研究室的骨干成员和重要助手，曾任山西农学院农学系主任，但也因“文革”期间所受磨难，积劳成疾，不幸于1982年英年早逝。代表性论文有《我省油料作物构成特点与提高产量的途径》（《山西农业科学》1963年第3期）、《山西省大豆生态型特点及其分布》（《山西农业科学》1963年第6期）、《大豆含油量与植物学性状及栽培条件的关系》（《植物杂志》1977年第5期）、《关于我国栽培大豆原产地问题的探讨》（《中国农业科学》1978年第4期）、《我国大豆栽培区划的研讨》（《山西农业大学学报》1981年第1期）、《大豆籽粒性状生态分布与育种》（《大豆科学》1984年第3期）、《充分利用种质资源选育大豆高产品种新类型》（《山西农业大学学报》1982年第2期）、《关于发展我省大豆生产的建议》（《山西农业科学》1982年第2期）。前文所述程舜华老师即是吕先生爱人。

品种，其中的“晋豆一号”和“晋豆二号”于1978年召开的全国科学大会中受到表彰（由助手吕世霖代表出席并受奖），成为全国大豆研究界的一面旗帜。

同时，王绶也狠抓教学，重视通过提升科研质量来提高教学品质，他面向青年教师亲自讲授生物统计学课程，强调青年教师的培养要“三定一稳”（固定专业、定人指导、规定学习时间和稳定队伍），努力把山西农学院办出特色，“为山西农学院以及山西省高等农业教育事业的发展建设做出了不可磨灭的贡献”①。现今校园中心处还立有一座王绶半身像，以纪念前贤。

1958年，王绶当选山西省第二届人大代表，1959年和1964年，分别被选为第二届、第三届全国人大代表。在1963年的职称评定工作中，由原来的一级农业总技师转为一级教授，也是当时整个山西省为数不多的一级教授。“文革”期间，受大环境所迫，不仅正常的教学和研究工作中断，而且被打成所谓“牛鬼蛇神”，大量研究资料（特别是其一生搜集所得的各类大豆原种）被毁，身体也遭受摧残，不幸于1972年2月1日因心脏病复发逝世于太谷。② 粉碎“四人帮”后，中共山西省委落实政策，于1978年11月22日在太原双塔寺革命公墓为他和妹夫贾麟厚③一道举行了隆重的骨灰安葬仪式。

王绶学识渊博，对待事业专注认真，为人忠厚耿直、作风正派、艰苦朴素，丝毫没有教授学者的架子，曾手书“勤、俭、谦、诚”④ 家

① 钱伟长总主编：《20世纪中国知名科学家学术成就概览（农学卷）》（第一分册），科学出版社2009年版，第214页。

② 有关王绶在“文革”中的遭遇可参见贾频《芳草萋萋》（经济科学出版社2014年版）中《我的大舅王绶》一文。

③ 贾麟厚（1910—1972），山西省太谷县北洸村人，1929年毕业于铭贤学校，后考取金陵大学农学院园艺专业，师从我国柑橘学科奠基人、著名果树学家章文才教授，乃是将苹果种植技术引入山西的第一人，生前为山西农学院园艺系主任，著有《矮生苹果树及其研究（1959—1972）》（科学出版社1978年版）。

④ 郝钦铭：《王绶君：［照片］》，《金陵光》1924年夏季特号。

训于子女。其一生诚如郝钦铭在金陵大学学报《金陵光》1924 年夏季特号中的评价："赋性温和而有为，勤俭而耐劳，喜著述、务实学，诚吾侪中之佼佼者也"。

斯人已逝，风华绝代，也谨以此文纪念王绶先生的 120 周年诞辰！

补　　编

第八章　抗战时期陕甘宁边区农民的日常生活状况评估

再也没有比斯诺（Edgar Snow）的《红星照耀中国》一书书名更能体现抗战时期中国共产党所领导下的陕甘宁边区①对全民族爱国人士犹如磁石一般的强大吸引力。② 也正如书中所提的一连串问题：“共产党怎样穿衣？怎样吃饭？怎样娱乐？怎样恋爱？怎样工作？……他们是怎样组织经济的？公共卫生、娱乐、教育和‘红色文化’，又是怎样的？”③ 事实上，包括斯诺在内的诸多国外记者、作家和观察团（如美国“迪克西使团”）不仅对陕甘宁边区心生好奇，而且也将其作为未来中国的另一种发展方向（“另一个中国”或“红色中国”），他们的到来也掀起了向外界报道和传达陕甘宁边区的有关信息和在此基础上做

---

① 这里需要对陕甘宁边区的地理位置和行政区划略作说明。陕甘宁边区位于陕西、甘肃和宁夏三省接壤处，其政权的形成、巩固和发展始于1928年5月渭华起义中所诞生的西北地区第一个苏维埃政权，止于1950年1月撤销陕甘宁边区建立西北军政委员会，历时22年，共经苏维埃政权时期、抗日民主政权时期和人民民主政权时期这三个发展阶段。本章所涉及的时段为1937—1945年，即全面抗战八年，属于抗日民主政权时期。

② 完全有别于国统区的陕甘宁边区对于爱国学生和进步青年来说尤具吸引力，宝塔山下、延河水边已然成为中国革命和时代洪流的象征。类似韦君宜这样的心迹表露——“我是抱着满腔幸福的感觉，抱着游子还家的感觉投奔延安的”在当时就很具有代表性。可参见韦君宜：《韦君宜文集》（第2卷），人民文学出版社2013年版，第168页。

③ 埃德加·斯诺：《红星照耀中国》，董乐山译，新华出版社1984年版，第5页。

出深度研究的第一股热潮。虽然这些研究以今天的标准来衡量似显粗糙，但这并未妨碍边区研究由于受此影响而在过去很长一段时间内将重点置于革命领袖的光辉业绩以及中国共产党开展的各项自身建设、对敌斗争等，相对忽视了生活于边区的数百万普通民众，特别是农民的日常生活状况，毕竟农民既是中国革命也是陕甘宁边区的主体，这种疏忽无疑不利于增进对陕甘宁边区的整体性了解。①

此外，学术取向的转换也提供了一些新契机和新视角。国际史学界自20世纪70年代后，便逐渐开始从由宏观史学到以民众日常生活为研究对象的微观史学转变。② 国内已有学者大声疾呼应改变过去由于意识形态、精英意识、道德伦理和历史编纂原则所导致的“日常生活、业余娱乐、私人空间的内容等等”③ 无法进入主流历史写作的尴尬局面。“在新材料发现和思想解放两个因素的推动下，中国现代史成为史学中进展最大的领域。”④ 基于上述两方面因素，本章试图对抗战时期陕甘宁边区农民的生活状况做一概览式评估，虽无法完全复原当时农民的生活情形，但这对于思考中国共产党在中华人民共和国成立后的农业政策和当下受到广泛关注的“三农”问题或有其重要历史意义。⑤

---

① 在这方面，国内外学者的关注侧重有所趋同，如《抗日战争时期解放区概况》《抗日民主根据地与敌后游击战争》《陕甘宁边区政区形态与社会发展》《红星照耀中国》《中国的惊雷》和《革命中的中国：延安道路》等著作就是类似叙述架构的典例。至于本章所要讨论的农民，笔者主要从职业角度来理解，主要是指在陕甘宁边区主要从事农业的劳动者，等同于英文中的“Farmer”而非“Peasant”。

② 格奥尔格·伊格尔斯：《二十世纪的历史学：从科学的客观性到后现代的挑战》，何兆武译，山东大学出版社2006年版，第105页。

③ 葛兆光：《大胆想象终究还得小心求证——关于文史研究的学术规范》，《文汇报》2003年3月9日，第8版。

④ 秦晖：《作为历史学的“党史”》，熊景明、徐晓主编：《史家高华》，香港中文大学出版社2012年版，第63页。

⑤ 有学者实际上已经注意到陕甘宁边区时期的农业政策与中华人民共和国成立后农业政策之间存在某种内在关联，参见郑有贵主编的《当代中国农业变革与发展研究》（中国农业出版社1998年版）一书第一章“陕甘宁边区农业政策对50年代初期农业政策的影响”。

一、农业生产环境和边区政府的农村政策

要而言之，不同地区农民之间生活水平的差异与其所处环境（包括自然环境与人文社会环境）有莫大关联。国际著名发展经济学家张培刚认为“农业生产不同于其他产业，它是与自然界紧紧相连的”，无论是种植业抑或畜牧业，农业生产都是一种“‘增长’产业，这与加工或制造大不相同，而受自然规律或生物学规律之制约，甚为显著”①。这说明农业水平的高低与地形、水土、气候等自然环境因素紧密相关。因此，在评估抗战时期陕甘宁边区农民的生活状况之前必须先行考察当时当地的农业生产环境。除了自然环境之外，陕甘宁边区政府制定和执行的农村政策也势必对农业发展产生不小影响，这可视为与自然环境相对应的人文社会环境。

陕甘宁边区地处中国西北，位于黄土高原中北部，地形复杂，有所谓“原地”“山地”和“川地”之分，属大陆性气候，春季多风，夏季多冰雹，秋季霜降早，这些条件对于农业生产和作物生长来说都极为不利。在外国人眼中，陕甘宁边区“是中国最贫瘠、长期落后而且人口稀少的地区之一”②。

就总体而言，陕甘宁边区所处自然环境生态脆弱，灾害频繁，尤其是旱灾对农业生产所造成的损失最为严重。根据有关灾荒史研究的专门统计，1924—1933 年和 1937—1947 年是西北地区干旱周期中较为严重的两个时期，而 1940 年旱灾最为严重的地区就是陕甘宁边区，灾民约达 69 万人。③ 抗战全面爆发时，陕甘宁边区政府已经辖有 23 个县，地

---

① 张培刚：《农业与工业化》（上卷），华中科技大学出版社 2009 年版，第 10 页。

② 费正清、费维恺编：《剑桥中华民国史》（下），刘敬坤等译，中国社会科学出版社 1998 年版，第 723 页。

③ 袁林：《西北灾荒史》，甘肃人民出版社 1994 年版，第 71 页。

跨陕甘宁三省，面积 12 万余平方公里，人口约 200 万。① 但由于国民党军队抗战前的围剿和各类自然灾害之故，“边区在经济上遭受了严重破坏，因之荒地增多，生产下降，耕地面积缩小至8 431 006亩，仅占可耕地五分之一强”②，副业、纺织等亦大部分停顿，畜牧业和工商业也较为萧条，“更重要的是陕北地区地处偏远和交通不便，决定了这一带黄土高坡恶劣的生活条件”③。

相比于东北、华北和江南而言，陕甘宁边区发展农业的自然环境无疑要恶劣得多，加之大批军政人员、抗日爱国人士大量入陕和残酷的对日抗战环境，造成原本就已稀缺的资源更显紧张，而这也是中国共产党人经营边区、发展农业、制定与之相适的农村政策时所必须要面对的棘手问题。

面对此一艰困局面，中国共产党和边区政府紧紧依靠广大人民群众，从实际出发，认识到事关边区农业发展、人民生活水平乃至整体经济发展最为重要的莫过于尽快解决粮食增产和扩大棉花种植，即边区全体军民的吃饭和穿衣问题。只有先满足了这两项基本需求，才有可能谈得上进一步发展农业经济，保障边区社会民生。

“边区农业方面的主要要求是增产粮食和棉花”④，边区政府主席林伯渠也强调，“边区的生产，当然是以农业为主，在地瘠粮缺的地区，增加粮食生产差不多是最重要的事”⑤。毛泽东同期也认为，“所

---

① 宋仲福主编：《西北通史》（第 5 卷），兰州大学出版社 2005 年版，第 436 页。

② 人民出版社：《抗日战争时期解放区概况》，人民出版社 1953 年版，第 14 页。

③ 马克·赛尔登：《革命中的中国：延安道路》，魏晓明、冯崇义译，社会科学文献出版社 2002 年版，第 11 页。

④ 陕甘宁边区财政经济史编写组、陕西省档案馆编：《抗日战争时期陕甘宁边区财政经济史料摘编》（第 2 编），陕西人民出版社 1981 年版，第 32 页。

⑤ 林伯渠：《陕甘宁边区政府一年来的政况》（1938 年 7 月 7 日），《林伯渠文集》，华艺出版社 1996 年版，第 65 页。

以党与政府用极大力量注意人民经济的建设，乃是我们非常重要的任务"①。为了达成目标，边区政府确立"农业第一、提高产量、保障供给"② 的经济发展十二字方针：一方面大力发展经济，另一方面则开展勤俭节约活动，尽可能节省人力、物力和财力，开源和节流密切结合。③ 进而言之，边区农业生产不仅要实现自给自足，而且还要为前方将士和整个抗战大局提供充足的物资供应，这也就是边区在擘画包括农业在内的各行业发展总体规划时所贯彻的"两手都要抓、两手都要硬"（抗战动员需要与民众生活所需）。1941 年的一份计划书谈及此问题时阐述得非常明确，边区经济建设的目的旨在"长期抗战中保证抗日部队的供给，与满足人民日常生活必需品的要求，并在开展民众经济，增加人民收入的基础上，来增加政府粮食的、财政的收入，以保证政府经费上最低限度的需要，以便更进一步从军事、政治、经济和文化各方面来提供与巩固边区，并更进一步来改善人民的生活"④。在这一方向指引下，边区政府主要从以下几个方面来深化落实。

第一，提倡劳动互助、调剂劳力，组织变工互助，安置移民难民，增加劳动力数量，兴办劳动互助组织与各类合作社，提高农民抵御各种风险的能力。

第二，奖励开垦荒地，增产粮食，推广植棉，发展林业、畜牧业和副业，实现多样化经营。

第三，开展军队屯田、自己动手、生产自给。最为著名的莫过于

---

① 毛泽东：《经济问题与财政问题》（1942 年 12 月），竹内实主编：《毛泽东集》（第 8 卷），日本苍苍社 1983 年版，第 189 页。

② 阎树声：《陕甘宁边区史》，西安地图出版社 1994 年版，第 159 页。

③ 《陕甘宁边区党委、陕甘宁边区政府关于大力发展边区经济节省人力物力的通知》（1938 年 9 月 16 日），陕西省档案馆、陕西省社会科学院编：《陕甘宁边区政府文件选编》（第 1 辑），档案出版社 1986 年版，第 88 页。

④ 《一九四一年的陕甘宁边区经济建设计划》（1941 年 2 月 20 日），甘肃省社会科学院历史研究室编：《陕甘宁革命根据地史料选辑》（第二辑），甘肃人民出版社 1983 年版，第 162 页。

“三五九旅”在南泥湾的开荒。

第四，因地制宜，发展农业生产技术，兴修水利，保持水土，改良土壤，提倡精耕细作，改良农作法，选育推广优良品种和耐旱品种。如光华农场培育出狼尾谷、金皇后玉米、黄皮白皮马铃薯、洋葱和冬瓜等品种，丰富了边区人民的饮食种类。在这方面，中央领导同志也非常重视科学技术所扮演的重要角色，“自然科学的研究可以大大地提高生产力，可以大大地改善人民的生活”①。

第五，发放农业贷款（主要是耕牛贷款、青苗贷款和植棉贷款），组织领导与帮助农民逐家制订农户生产计划，降低农民生产的盲目性；“实行春耕秋收的群众动员，解决贫苦农民耕牛、农具、肥料、种子的困难”②。

第六，通过组织农业工人工会（雇农工会）、劳动模范评比、农业竞赛展览会等形式激发、保障农民的生产积极性和人身权益。③

第七，改造农村中的二流子④，净化农村社会风气，以老百姓喜闻乐见的形式进行各种文娱活动，举办冬学，提高农民的文化水平和思想觉悟。

第八，结合抗战大局，采取灵活的土地政策，明确表示“停止没

① 陈云：《重视自然科学研究》，中共中央文献研究室编：《陈云文集》（第一卷），中央文献出版社 2005 年版，第 230 页。

② 毛泽东：《陕甘宁边区施政纲领》，《毛泽东文集》（第二卷），人民出版社 1993 年版，第 335 页。

③ 《陕甘宁边区劳动英雄与模范生产工作者大会及其代表的选举办法》（1943 年 10 月），甘肃省社会科学院历史研究室编：《陕甘宁革命根据地史料选辑》（第一辑），甘肃人民出版社 1981 年版，第 374 页。

④ 二流子指的是那些不务正业、游手好闲、沿门乞讨、抽大烟、耍赌博、当巫神、偷盗行窃之人，又称“叫化子”“耗子”。1937 年前后，边区二流子约有 7 万人之多，改造二流子运动的成效也十分明显，延安县一地 1937 年的人口为 3 万左右，二流子就有 1629 名，1941 年已减少 72%。参见孙晓忠、高明编：《延安乡村建设资料》（一），上海大学出版社 2012 年版，第 493、505 页。陕甘宁边区的二流子改造一定程度上已经成为中国共产党更大范围内乡村改造的一部分。

收地主土地之政策”，并在边区停止没收打土豪、分田地的活动，在已进行土改的地区维持现状，而未实行土改的地区则不再进行新的土改，改为实行地主“减租减息”，农民“交租交息”，规定了“二五减租”和“分半减息”的额度。这不仅团结和巩固了中国共产党所领导的抗日民族统一战线，而且也减轻了农民的剥削负担，缓和了农村阶级关系，有利于农村的社会稳定。

总之，经过抗战头几年的政策扶持和边区全体民众的积极努力，陕甘宁边区的农业水平较之以往有了很大提高。如把 1937 年和 1938 年两年的开荒面积、耕地面积和粮食产量做一对比，就可见出增长势头明显。前一年这三项指标的数据分别为 195 293 亩、8 626 006 亩、1 116 000石，1938年则升至358 481亩、8 994 478亩、1 270 000石。① 到 1945 年，陕甘宁边区的耕地面积已增至1 425. 6万亩，增加 560 余万亩，而在 1937—1944 年 7 年间共计开荒达 512. 2 万亩，每年增加 64 万亩，其开荒力度和幅度都令人瞩目。② 畜牧业则是种植业之外另一大涨势喜人的行业，牲畜数量的增长很好地说明了这一点，其具体数据详见表 1。

表 1　　**抗战后 3 年边区牲畜发展明细**③

时间	牛	驴	羊
1939 年	150 893	124 933	1 171 366
1940 年	193 238	135 054	1 723 037
1941 年	202 914	137 001	1 724 203

① 陈如龙：《老区农业负担政策的回顾与目前措施》，《陈如龙文选》，中国财政经济出版社 1992 年版，第 82 页。

② 严艳：《陕甘宁边区经济发展与产业布局研究：1937—1950》，中国社会科学出版社 2007 年版，第 58 页。

③ 毛泽东：《经济问题与财政问题》（1942 年 12 月），第 190 页。

二、农民的开门七件事

“柴、米、油、盐、酱、醋、茶”这开门七件事与人的生活须臾不可分，上自达官贵人、下至市井小民都要考虑每天生活中的这些必备要素。其实这还仅仅涉及吃的一面，扩大开来，吃饭、穿衣构成了普通人日常生活中的基本物质需求，所谓“民以食为天”。试想如果连这些都无法保障的话，那也就谈不上其他更高层次的文化精神活动和思维创造，恩格斯就曾指出“人们首先必须吃、喝、住、穿，然后才能从事政治、科学、艺术、宗教等”①。先民和贤哲质朴而不失实用的智慧同样也适用于陕甘宁边区的农民们，虽然身处抗战大背景下，但对于绝大多数农民来说，吃什么、穿得怎样才是生活中最为关心的第一要务，而这些看似琐碎的日常事务也将有力呈现陕甘宁边区农民生活的立体面。②

先来看边区农民的负担变化，它包含农民与政府、农民与地主两个方面，直接关系到农民能够留存自用的实物多寡和货币数量。但农民负担变化并非一条直线，而是随着抗战形势变化而有所调整。1937—1939年这三年可视作第一阶段，边区政府采取了休养生息的财政政策，“就

① 恩格斯：《在马克思墓前的讲话》，《马克思恩格斯选集》（第3卷），人民出版社1995年版，第123页。

② 中共在各个根据地的抗战动员不可谓不力，但这种活动对农民的触动到底几何则是一个需要严肃思考的问题。经济地位、文化水平和政治身份等因素都会影响到农民的政治意识及其对中共抗战动员的回应程度。相对来说，“农村中的上层比其他阶层更具有民族主义激情”（可参见L. 毕仰高：《抗日根据地中农民对中共动员政策的反应：一些西方的观点》，南开大学历史系中国近现代史教研室编：《中外学者论抗日根据地——南开大学第二届中国抗日根据地史国际学术讨论会论文集》，档案出版社1993年版，第643页），而所谓的上层一般来说又都是农村中的地主和士绅。

是在财力、物力的动员上，尽量减轻人民负担，让农民休养生息”①。为了贯彻休养民力的政策，边区政府在这三年间除了向人民征收救国公粮，在三边地区征收盐税和少量货物税以外，没有征收其他任何税捐，也没有征收任何附加。即使是救国公粮，征收的数量也不多，1937 年和 1938 年两年只有一万多石，1939 年增加了一些，但也就 5 万多石。第二阶段为 1940—1942 年，国内外形势的变化造成这一时期边区财政非常困难，人民负担尤其是农民的负担较之前一阶段有所提高，主要表现在征收救国公粮数量的增加（年平均增加两倍）；向农民开征羊子税，其目的在于获得羊毛做衣服；发行救国公债和动员群众为政府运输公盐（属于劳役负担形式）。三年平均下来，农民缴纳的公粮占粮食供应量的 93. 6%，政府取之于民的各项财政收入占总数的 60. 6%。② 抗战最后两年为第三阶段，边区政府为了促进大生产运动和减租减息运动的深入展开，实行“合理负担、削弱封建、促进生产、保证供给及简便易行”的负担政策，并修订、改革了救国公粮公草的征收办法。与前一阶段相比，缩小了农村副业的征收范围；分地区规定起征点，提高最高税率；改进公草征收办法；强调发扬民主；合理组织征收，政策调整极大减轻了农民负担。

就农民与地主关系而言，中共中央于 1942 年 1 月颁布了《中共中央关于抗日根据地土地政策的决定》，提出实行减租减息，保障农民人权和地权的政策。边区政府于同年 12 月颁布《陕甘宁边区土地租佃条例（草案）》，规定定租的减租率不得低于 25%，活租按原租额减 25%~40%。通过减租减息运动，农民所受剥削得到有效缓解，农村中的阶级关系也有较大改观，“过去农村的土地向地主集中；减租以后，

① 中华人民共和国财政部《中国农民负担史》编辑委员会编著：《中国农民负担史》（第三卷），中国财政经济出版社 1990 年版，第 224 页。

② 《西北财经办事处抗战以来陕甘宁边区财政概况》，陕甘宁革命根据地工商税收史编写组、陕西省档案馆：《陕甘宁革命根据地工商税收史料选编》（第七册），陕西人民出版社 1981 年版，第 50 页。

农民‘反出为入’，地主卖地，农民买地”①。地主在减租后的生活水平普遍下降，很多入不敷出，逼得他们不得不出卖土地以维持生活，一部分地主下降为富农甚至是自耕农，这是农村阶级关系中最大的变化。一部分地主开始参加劳动，另一部分则开始转化，将土地收回变卖后投资于商业和工业。当时在延安的外国观察者也注意到“地主的资本转移到了工业去”②。与之相应，农民收入显著增加。根据调查材料所知，安塞县四区的石茆、东营和西营三个村 1937 年与 1939 年比较，不仅粮食产量增加 107.3%，每人平均收入也增加 83.3%；延安县裴庄乡 1939 年的粮食产量比 1938 年增加 35.5%，副业收入增加 6.7%，每人平均收入从 621.9 斤增至 738 斤，增幅达到 18.7%，每人平均粮食消费增加 11.5%，每人平均布匹消费增长 4.7%。③

基于以上考察，不难判断抗战期间陕甘宁边区农民的负担基本是在一个可承受范围内浮动，不能因为抗战中期农民负担的加重而抵消随政策得当和政府扶持而来的农村经济发展和农民生活改善，这是全面客观理解陕甘宁边区农民生活状况的基本前提。

拥有留法经历的陈学昭看见“延安的老百姓也已经多少有点都市化了”④，但这更多仅限于延安，而广大农民的日常生活依然比较艰辛。在穿衣方面，“边区民众的传统衣料比较粗糙，也比较简单”⑤。男性多穿满襟土布上衣，戴黑色圆顶瓜皮帽，女性则穿自制土布浅色满襟宽

---

① 中国抗日战争史学会、中国人民抗日战争纪念馆编：《抗战时期的陕甘宁边区》，北京出版社 1995 年版，第 560 页。

② 爱泼斯坦：《我所看到的陕甘宁边区》，孙照海选编：《陕甘宁边区见闻史料汇编》（第一册），国家图书馆出版社 2010 年版，第 232 页。

③ 中华人民共和国财政部《中国农民负担史》编辑委员会编著：《中国农民负担史》（第三卷），中国经济出版社 1990 年版，第 228~229 页。

④ 陈学昭：《延安访问记》，中国国际广播出版社 2013 年版，第 405 页。

⑤ 黄正林：《抗日战争时期陕甘宁边区的社会生活》，《从深处看历史：近代中国的政治思想与经济社会》，河南大学出版社 2009 年版，第 121 页。

袖上衣。① 边区北部一些以畜牧业为主的地区，男性冬季以皮衣为主，头上包一块毛巾，前面扎两个结，下身穿着棉裤，用带子束住裤脚管，腰间系一根带子。无论男女，走路时两脚作八字撇开。进入相持阶段后，农民穿衣出现困难，如定边县城区“人们在冬天穿的是老羊皮，盖的也是老羊皮，冬天盖有毛面，夏天盖有皮面”②。一般农民冬天穿皮衣皮裤，平时穿的棉衣、夹衣和单衣旧的多，新衣服则留在年时穿。在吃饭方面，边区以麦面、小米、黄米为主，辅以豆类、荞麦和高粱等杂粮，不同地区的农家饭也有着鲜明的地区特色，如神府“农作物所占面积最多的为谷子，其次为荞麦，再次为黑豆，以下为红绿豆、糜黍、高粱和秋麦等”③，其农家饭种类也就主要有黑豆糊糊、炒面、窝窝、散面等，而关中和陇东地区的农作物以小麦、糜子和谷子为主，主食也就与陕北有所不同。总体而言，抗战时期边区农民的吃饭普遍一般，流传着所谓过节时吃好点、农忙时吃稠点、农闲时吃稀点的说法，以杂粮为主，少有细粮和肉食。

三、与国统区农民生活的横向比较

与同一时期国统区农民的生活状况做一横向比较，或许更能对抗战时期陕甘宁边区农民的生活有一透彻体认。

日本侵华战争全面爆发后，大片国土沦丧，国民党政府丧失了50%以上的耕地、48%的森林、将近40%的耕畜和大量农村劳动力。④国民党政府的政治、经济和文化中心也从东南沿海和长江流域退至以四

① 庆阳地区志编撰委员会：《庆阳地区志》（第3卷），兰州大学出版社1998年版，第942页。

② 《定边城区第一乡调查》（续），《解放日报》1941年9月20日，第4版。

③ 张闻天：《神府县兴县农村调查》，人民出版社1986年版，第24页。

④ 朱汉国、杨群主编：《中华民国史》（第三册），四川人民出版社2006年版，第146页。

川重庆为中心的西南大后方。为了持续抗战、稳固统治，国民党政府采取了一系列发展大后方农业的政策：促进农业增产、注重农业金融、致力农业合作、推动垦殖事业、扶助自耕农、推广粮食生产。① 这些措施对于推动战时农村经济不能说没有作用，1942 年与 1938 年相比，从事副业的农户从占农村总户数的 56. 6%升至 61. 1%，其中从事家庭纺织的农户由 16. 5%增至 22. 5%。② 1938 年 3 月，国民党临时代表大会通过了《战时土地政策草案》，规定地租额不得超过地价的 7%，试图改善大后方农村中的土地关系，缓和阶级矛盾。从 1941 年下半年起，国民党政府实行田赋征实，这对抑制通货膨胀、保证前方将士的军粮供应起到了一定作用，但也加重了农民负担，挫伤了农民种田的积极性。

应该说，不仅是国民党政府，当时的一些知识分子也认识到农业对“抗战建国”的极端重要性，“御侮抗战，救亡图存，固为中国目前最急迫之问题，而救济农村，力谋农村救济之复兴，仍为中国目前抗战中最基本之问题”③。

部分学者的研究和实地调查报告中都有关于抗战时期国统区农民生活状况的描述，特别是粮食消费问题。1943 年出版的《四川经济季刊》第一卷第一期中载有施复亮的一篇文章，文中称“就人数说，吃杂粮者亦多于吃米者，大略估计，吃杂粮者至少占百分之六十，吃米者至多占百分之四十。住在城市的人多吃米，下层人民多吃杂粮。地主以吃米为主，佃农以吃杂粮为主”④。1940 年《四川经济考察团报告——农林》也提到四川农民的粮食消费问题，“四川大部分中下级人民，全年

① 张宪文等著：《中华民国史》（第三卷），南京大学出版社 2006 年版，第 474~477 页。

② 陆仰渊、方庆秋主编：《民国社会经济史》，中国经济出版社 1991 年版，第 607 页。

③ 许性初：《抗战与农村经济》，孙照海、初小荣选编：《抗战文献类编》（第二册），国家图书馆出版社 2009 年版，第 7 页。

④ 施复亮：《四川粮食问题导论》，《四川经济季刊》1943 年第 1 期，第 166 页。

多食杂粮，少食稻米，除高粱多用制酒外……玉米、甘薯等杂粮，悉为民间主要食品，是以米粮较有剩余"①。但整个抗战期间，饥荒爆发仍不绝如缕，难民众多。1940—1943 年，浙江、福建、湖北、贵州和湖南都发生了饥荒，"到处是死尸，农民在路边剥树皮，当即撕碎充饥。到 1943 年底，闹饥荒地区有3 000万人饿死……在有3 000万人口的湖南，约有 200 万~300 万死于饥饿和疾病"②。1944 年，四川灾民2 000万，鄂北也有 300 万之多。③ 农民苦于生活重负以及频繁的征兵、征粮、无偿徭役，已至民穷力竭之境！

回顾抗战时期陕甘宁边区农民的生活状况，既非为了揭疮疤，也不是有意贬低哪一方，在那个烽火连天、民族处于生死存亡的危急关头，不论是国统区农民还是边区农民都为抗战的最后胜利做出自己应有的贡献，他们都是全面抗战八年民族大合唱中不可或缺的音符，重要者在于能使对历史经验和教训的检讨助益于当前问题的思考。

陕甘宁边区的八年不仅是中共由危转安、获得进一步发展的关键期和转折期，而且也为考察目前"三农"问题的诸多症结提供起点。不可否认的是，陕甘宁边区的八年是 1949 年后中共农村政策的先导，不少随着战争进程而逐步向全国其他地区推广的政策最初都是在陕甘宁边区开始进行试验。正确者有之，如充分尊重广大农民的首创精神，以农民为本、尊重农民的权利，保障农民的土地所有权；但也不乏偏颇之处，如过度强调群众动员方式的运用和以阶级成分作为在农民中划分三六九等的主要标准不仅加重了农民的负担，而且也造成农村社会关系中不同群体之间的紧张与不睦。

---

① 西南经济调查合作委员会编：《四川经济考察团考察报告——农民》，独立出版社 1939 年版，第 5 页。

② 老久、锋涛：《蒋介石之谜》，新疆大学出版社 1993 年版，第 220~221 页。

③ 郑德荣等：《中国共产党历史讲义》（上册），吉林人民出版社 1983 年版，第 30 页。

抚今追昔，中国共产党为何能在抗战胜利后数年内解放全国，其根本原因莫不来自于其政策、主张在抗战和后来的解放战争中赢得广大农民的拥护和支持，而倾听农民的心声，尊重农民的意愿和自主权或是诸多原因中最为显耀之处，值得今人认真反思！

第九章　罗伯特·雷德菲尔德的社会人类学农村社会研究

近十年来，围绕农业、农村、农民这三者为核心而形成的“三农”研究越来越受到人们的重视和关注，一定程度上说它已然成为“显学”也并不为过。相比于其他领域，一方面，“三农”研究因其强烈的“现实性”“入世性”而与政策制定部门（者）之间形成良好的双向互动关系，“接地气”大概是“三农”研究最为突出的特征；另一方面，研究中所暴露的学科视野窄化与各自为政、学者理论素养贫乏和本土学术资源匮乏等弊病，则多少导致国内大部分“三农”研究成果最终流为一村一乡式的建言献策，无法跳脱村庄藩篱而具有高层观照意味。

对此现状，学界已有所注意并积极呼吁“三农”研究者应主动加强自身理论累积。在这方面，曹锦清、贺雪峰这两位知名“三农”学者应该说是走在了前面，他们不仅提出了各具特色的研究方法与分析工具（前者的“两个视点、四个视角”① 论，后者将经典与经验有机结

① 具体来说，第一个“视点”的两个不同“视角”是“从外向内看”与“从上往下看”，第二个“视点”的两个不同“视角”则是“从内向外看”与“从下往上看”。根据作者的解释，“外”是指西方社会科学理论与范畴，“由外向内看”就是通过“译语”（实现西方理论的中国化、本土化）来考察中国社会的现代化过程；“内”是指中国自身的历史与现实；“上”指传递、贯彻中央各项现代化政策的整个行政系统；“从上往下看”就是通过“官语”来考察中国社会的现代化过程；“下”意指与公共领域相对应的社会领域，尤其是指广大的农民、农业与农村社会。参见曹锦清：《黄河边的中国：一个学者对乡村社会的观察与思考》（增补本），上海文艺出版社 2014 年版，第 1 页。在笔者看来，渗透于该书字里行间的深度理论思考使其不同于一般意义上带有浓厚悲情色彩或浪漫怀乡主义的农村调查报告，而是充满学者的理性体察与人文关怀。令人遗憾的是，此书所具有的学术价值与其所受到的重视却非常不相称。

合的“两经”① 战略)，而且身体力行，将其运用于对农村实际情况的观察之中，并回过头来进一步修正理论的不足。如此循环往复，除了使自身学术研究的基础得到进一步夯实外，也确保了研究成果更为贴近实际情况，实为双赢结局。

如细究下去后会发现，不论是曹锦清还是贺雪峰的理论概括中，其实都可看到对西方社会科学理论的引进与吸纳。可以说，若要推进本就有着极广论域的“三农”研究，探究那些在学术史中已被证明是经典范例的农村社会研究，仍然是未来很长一段时间国内学者的必备功课之一，这实际上已经超出单纯“三农”界限，而反映了目前中国人文社会科学研究还处在邯郸学步阶段。

难能可贵的是，驰名世界的知名人类学家、美国著名学者罗伯特·雷德菲尔德（Robert Redfield，1897—1958）以功能学派与芝加哥经验社会学为基础的社会人类学农村社会研究就是一项在学界已经得到公认的经典研究。他不仅将农村社会纳入社会人类学的研究领地，而且撰写了《农民社会与文化：人类学对文明的一种诠释》（简称为《农民社会与文化》，此书也是代表作）、《尤卡坦的民间文化》《小社区》等多部著作，《农民社会与文化》直至今日也依然是农村社会研究中的样板性作品。② 有鉴于此，笔者试图从学术史的传承角度和对《农民社会与文化》这一主要著作的文本解读出发，来勾勒雷德菲尔德社会人类学农

① 贺雪峰：《新乡土中国》，北京大学出版社 2013 年版，第 470 页。

② 截至目前，据笔者所掌握的资料，国内学界对于雷德菲尔德的关注大多还是以他所提出的“小传统”与“大传统”为本，在此基础上进行有关“国家—地方”或“高层—民间”式研究，从事者也主要以文化学者、人类学者、民俗学者和历史学者（尤其是来自中山大学、厦门大学两校的区域经济社会史学者，如郑振满、陈春声、刘志伟等人）居多，如郑萍《村落视野中的大传统与小传统》（《读书》2005 年第 7 期）、叶舒宪《文化大传统研究及其意义》（《百色学院学报》2012 年第 4 期）和籍颖《城市化过程中村落“小传统”生命力研究——以北京市石景山区衙门口村为例》（《青年研究》2010 年第 1 期）等。“三农”学者尚未在理论层面针对雷德菲尔德的研究给予足够关注。

村社会研究的理论轮廓，望能助益于当下“三农”学界。

一、雷德菲尔德其人

进入正题之前，笔者将稍费笔墨于雷德菲尔德这个人身上，略述其个人行谊和教研履历，毕竟一种研究模式的诞生与学者本人经历也有着千丝万缕的联系。

雷德菲尔德毕业于美国芝加哥大学，刚进学校时只是在实验室工作，其后才进入该校芝加哥学院学习，继而从这里转入法学院学习，最后才正式入读芝加哥大学社会学与人类学系，并在该系获得博士学位。在其于社会学与人类学系攻读本科课程时，人类学作为一个学科的发展尚处起步阶段，刚从博物馆里展示最新考古发现的一个展览项目转为系统考察人类社会的行为方式与行为机制的学术性课程。可以说，彼时的人类学还在襁褓之中，远未达到如今日之学科地位，而从芝加哥大学的科系设置中也可看出，人类学与社会学当时是紧密联系在一起的两个专业。

从1927年起，雷德菲尔德以人类学课程讲师身份开始了他在芝加哥大学的教研生涯，其侧重点在于探讨那些与现代社会相隔离，仍然处在较为原始阶段的社群是如何慢慢走向现代化的，这是他学术生涯的起点，也是此后终生不渝的探寻目标，从中也能看到雷德菲尔德的研究已带有“二战”后风靡欧美的现代化理论与发展主义的若干意味在内。具体来说，雷德菲尔德最初选定墨西哥境内的各种社区作为调研对象，特别是始自1930年并在此后长达16年针对尤卡坦地区的调查，而且他还到过中国、波多黎各和印度等地进行多角度、全方位的考察。返美后在著名社会学家、芝加哥学派代表性人物罗伯特·帕克（Robert E. Park）的鼓励下继续从事人类学研究，相继推出《原始世界与转型》《农民社会与文化》等专书，受到人类学界的高度关注。

雷德菲尔德既是一位出色学者，又具备行政才能。凭借自身在人类学领域内的卓越建树，雷德菲尔德先是在 1934 年担任芝加哥大学人类学教授和社会科学部主任，后于 1944 年获选美国人类学学会（American Anthropological Association，AAA）会长，执掌这一全球规模最大的人类学学会，1950 年更是荣膺美国艺术与科学院院士头衔，这也表明雷德菲尔德的学术能力与研究业绩受到了业内的充分肯定。

由于和中国学者之间没有直系传承，雷德菲尔德在我国的知名度远不如马林诺夫斯基（Bronislaw Malinowski）、拉德克利夫-布朗（Alfred Radcliffe-Brown）和雷蒙德·弗思（Sir Raymond Firth）这三位功能学派大师。虽早在 20 世纪 80 年代末所出版的一些汉译论文集中就已涵括雷德菲尔德的研究成果，其后出版于 20 世纪 90 年代的多部综合性工具书中也能查到雷德菲尔德词条，但这些多为介绍性质，多有雷同，较为简略，国内学界对雷德菲尔德一直缺乏整体性学术思想研究，这种状况在历经 20 多年后的今天仍未有多大改观。① 除了《农民社会与文化》一书外，雷德菲尔德其他几部重要著作迄今都还没有合适的中译本。

二、方法论基础：功能主义与芝加哥学派经验社会学的融合

任何一个学者的学术研究不可能是无源之水、无本之木，其后必定有着坚实的方法论基础作为学理支撑，雷德菲尔德的农村社会研究也不

① 《社会学与社会组织》（何维凌、黄晓京译，浙江人民出版社 1986 年版）一书是目前能够找到的最早一本载有雷德菲尔德学术作品的中译论文集，在这本汇聚了包括帕森斯（Talcott Parsons）在内的诸多名家论文选本中，雷德菲尔德的论文题目为《民俗社会》。在由国内学者编选的《当代西方艺术文化学》（周宪、罗务恒、戴耘编，北京大学出版社 1988 年版）一书中，雷德菲尔德所撰《艺术与偶像》一文得以入选。《文化学辞典》（覃光广、冯利、陈朴主编，中央民族学院出版社 1988 年版）、《社会科学大词典》（彭克宏主编，中国国际广播出版社 1989 年版）和《中外社会学研究手册》（魏秋玲主编，中国社会科学出版社 1996 年版）这三部工具书中分别收有雷德菲尔德条目。

例外。简言之，将人类学中的功能主义与芝加哥学派经验社会学有效融合后的主题升华是雷德菲尔德农村社会研究的方法论背景，也是他此项研究的最大特色，这一点从前述几部著作的书名中也可窥见一斑。那么，雷德菲尔德为何会倾心于功能主义与芝加哥学派经验社会学，他是如何继承并在哪些方面有所超越后用于自己的农村社会研究？要厘清这些，就不得不先行说明雷德菲尔德的师承关系，以及功能主义在20世纪上半叶人类学学术版图中所居的统治性地位。

前文已有述及，雷德菲尔德求学于芝加哥大学社会学系，该系乃美国第一个（在很长时间内也是最好的）社会学系，由斯莫尔（Albion Woodbury Small）于1893年创建，并在此后经帕克（R. E. Park）、伯吉斯（E. N. Burgess）等人的共同努力而形成蜚声学界的社会学芝加哥学派。帕克和伯吉斯合创人类生态学这个以“人和社会机构的地理分布的形成过程及其随时间变化的情况和规律”① 为研究对象的学术分支。芝加哥学派将人所生活的这个环境定名为“社区”（community），生活于其中的人与人之间也就是群体内部形成所谓共生关系（symbiosis），而社区则是观察社会整体发展和演变趋势的缩微“单元”或曰“模型”。

在社会学发展史上，芝加哥学派经验社会学一改此前韦伯（Max Weber）、齐美尔（Georg Simmel）、涂尔干（Emile Durkheim）等人过于纯粹的理论社会学取向，透过社区研究和采取问卷调查的方式，转向以正在发展和兴起中的城市作为研究对象，直接面对工业化后美国城市中的各类社会问题。“社区分析的初步工作是在一定时空坐落中去描绘出一个地方人民所赖以生活的社会结构”②，也正是在社区分析这方面，人类学与社会学有它们相通的一面，而雷德菲尔德之所以进入人类学研

① R. E. 帕克、E. N. 伯吉斯、R. D. 麦肯齐：《城市社会学——芝加哥学派城市研究文集》，宋俊岭、吴建华、汪登斌译，华夏出版社1987年版，第2页。

② 费孝通：《乡土中国》，北京出版社2011年版，第136页。

究天地，很大程度上正是因为受到来自帕克的指点和提携之故，两者存在明显的师承关系。对于芝加哥学派的这一整体学术风格，雷德菲尔德不仅受其熏陶，而且沿用了社区研究方法，并强调经验的重要性，这两点都成为他日后农村社会研究的显著特征。

另外，社会人类学中的功能主义也为雷德菲尔德自身的学理建构提供了源头活水。

19世纪的最后25年，社会人类学这个名称在英国开始被使用，第一个获得社会人类学教授头衔的乃《金枝》作者弗雷泽(J. G. Frazer)。① 起初，社会人类学与体质人类学、考古人类学、语言人类学一同被当做人类学的四大分支学科，但到了20世纪初的西欧，已逐步从广义的人类学中分离出来而转变为一门社会科学。虽然学科主体性日益增强，但研究对象却一仍其旧，主要还是研究欧洲和美国以外的落后地区。“不论在英国还是美国，社会或文化人类学在30年代前一直以当时欧洲人称为‘野蛮人’作为研究对象”②，社会人类学事实上被等同于“野蛮学”。

与此不同的是，马林诺夫斯基、拉德克利夫-布朗和雷蒙德·弗思三人通过自身研究，有力改变了这一带有浓厚种族主义色彩和白人优越论调性的学科取向，逐步将社会人类学从对野蛮人的研究过渡到对文明人的研究中来，强调研究者不应为猎奇而写作，而要亲身参与当地人的生活和劳作，并对其进行密切观察。问题的答案不能求诸社会之外，而只能从社会生活的内部寻找，具有直接观察、重视民间生活、民间知识和亲自参与等特点。

马林诺夫斯基将社会人类学的研究对象划分为“文化”与“人的

① 拉德克利夫-布朗：《社会人类学方法》，夏建中译，华夏出版社2002年版，第125页。

② 费孝通：《江村经济——中国农民的生活》，商务印书馆2006年版，第308页。

基本需求”两大类，“他认为社会人类学者的使命在于通过田野调查理解人的文化性，制度性的活动与人的基本需求之间的关系”，而功能指的是“文化满足人的基本需要的方式，或满足机体需要的行动”①。需要导致文化的产生，文化又反过来满足需要，文化之所以重要且是一个完整体系，在于它能满足人类的生存和发展需要。功能主义主要关注“个体行为，关注社会制度强加给个体的限制，关注个体需求与那些需求通过文化与社会框架实现满足之间的关系”②。功能学派认为一切制度、习俗和信仰之所以能够存在，皆因其对社会有独特的功能。与历史学派挖掘过往史实相比，功能论解释更加着重于怎样说明一个事件和一系列事件只不过是人类普遍规律的一个例子。在研究中，功能主义与芝加哥学派经验社会学类似，也采取社区研究法。③ 盛行于20世纪20年代至50年代的功能主义被独尊为社会人类学研究的唯一科学方法，且被它的提倡者视为一种“科学”而非“学派”④。

对于功能主义，雷德菲尔德可谓心有戚戚焉，这可以从他对社会人类学发展进程的评述中得到验证。在检讨与反思的基础上，雷德菲尔德根据已有经验，结合农村社会实况，针对功能主义在研究中的具体运用做了进一步的阐发。

在雷德菲尔德看来，包括泰勒（E. B. Taylor）、弗雷泽和麦克伦

---

① 王铭铭：《社会人类学与中国研究》，广西师范大学出版社2005年版，第25页。

② 阿兰·巴纳德：《人类学历史与理论》，王建民、刘源、许丹等译，华夏出版社2006年版，第65页。

③ 中国社会学先驱吴文藻先生主动将功能学派的观点和方法译介至国内，“吴文藻倡导用社区研究的方法来开展对中国社会的深入研究”，而他的杰出学生费孝通也被介绍至伦敦经济学院从学于马林诺夫斯基，归国后成为以功能主义研究中国社会的代表性人物。参见贺雪峰：《村治的逻辑：农民行动单位的视角》，中国社会科学出版社2009年版，第4页。

④ 王铭铭：《西方人类学思潮十讲》，广西师范大学出版社2005年版，第34页。

南（Mclennan）等人在内的早期人类学家在著述中都存在“泛泛而谈”的弊病，“找不到有关某一具体的人的群体的总体生存状况的论述材料”①。19 世纪、20 世纪之交的海登（A. C. Haddon）、里伏斯（H. R. Rivers）、波亚士（Franz Boas）则主要是研究世界上仍鲜为人知的区域和人群，如海登和里伏斯对地处大洋洲美拉尼西亚的托里斯海峡所做的考察，波亚士对爱斯基摩人的系统调查。只有到了马林诺夫斯基和拉德克利夫-布朗于 1922 年分别出版《西太平洋上的航海者》和《安达曼岛人》② 时，社会人类学研究的路径才被正式确定下来——也就是研究者本人只身远赴人迹罕至的地区展开社区调研工作，与当地人同吃、同住、同生活，体验他们的风俗、习惯和信仰，从而在整体上把握这一社区的社会结构和文化形式。

雷德菲尔德以“抽象的形象“来概括这一研究方法，毕竟学者不可能穷尽所有社区，对某一社区的实地研究虽无法涵盖全部，但这一学者研究中的“理想类型”（ideal type）却有助于认识整体。个别社区所呈现出的面貌与社会现实并不矛盾，社区研究能够成为很好的社会“镜像”，所谓“众出于一、异中见同”！这些经抽象后的形象之所以对研究非常有用，恰恰在于它们与具体生活状况保有一定距离，“尽管一个事务的‘抽象的形象’在许多特定的方面存在着与实际事物的明显差异，但它却在整体上比现实中存在的具体事务更具有真实性。”③ 为了做好社区研究，雷德菲尔德认为社会人类学学者“必须成为一个具

① 罗伯特·雷德菲尔德：《农民社会与文化：人类学对文明的一种诠释》，王莹译，中国社会科学出版社 2013 年版，第 4~5 页。

② 马林诺夫斯基：《西太平洋上的航海者》，张云江译，中国社会科学出版社 2009 年版；拉德克里夫-布朗：《安达曼岛人》，梁粤译，广西师范大学出版社 2005 年版。与作为社区研究经典之作的前两书不同，雷蒙德·弗思的《人文类型》（费孝通译，商务印书馆 2009 年版）一书则更偏重于对功能主义的理论思考，极富思辨性。

③ 罗伯特·雷德菲尔德：《农民社会与文化：人类学对文明的一种诠释》，王莹译，中国社会科学出版社 2013 年版，第 2 页。

有通晓整个社会科学这个大领域里的所有学科知识的百事通”，能够熟识多学科的研究方法，从不同角度立体观照整个社区。在此基础上，雷德菲尔德继续提出要跳脱单一小型社区，转向研究较大群居体，这两种研究之间也并非决然不相往来，而是存在紧密关联。如据现实参照，“小型社区—较大群居体”其实就正对应着“农村社会—城市”，这也说明雷德菲尔德开放式的研究态度和整体联系观。

三、重新界定农村社会与农民群体

既然是从社会人类学角度入手研究农村社会，其首要面对的问题无疑是得对农村社会以及生活于其中的居民主体——农民重新进行符合雷德菲尔德方法论的界定。唯有如此，才谈得上后续研究，这是先决条件。

（一）农村社会的性质与功能

到底什么是农村社会，它有着怎样的性质与功能，与城市之间的关系又如何？

首先，雷德菲尔德批评了此前人类学家将农村社会与农民排除于人类学的研究范畴这一狭隘取向，这些人类学家认为“民俗的研究以及对民间的——实际上是对农民的——生活方式的研究和他们从事的对原始型的小群体生活方式的研究是两个互不相关的课题”①。与此相较，雷德菲尔德则主张应将对农村社会的研究纳入到人类学视域中来，与原始型的小群体社会研究、城市研究相结合，成为一个递次接续而连贯的内部有机整体，从而丰富和拓展人们对不同形态社会的认知程度。在方法上，农村社会研究也不应仅仅满足于此前历史学派所做的资料搜集工

---

① 罗伯特·雷德菲尔德：《农民社会与文化：人类学对文明的一种诠释》，王莹译，中国社会科学出版社2013年版，第28页。

作——虽然这些工作也很有必要，但更为重要的还是要在文化大框架之下对其内部结构和日常运作进行比较分析，宏观层面的文化研究远比零敲碎打式的调查问卷来得更为关键。在这方面，美国的人类学学者走在了其他国家研究者的前面，他们已经放弃原先针对北美印第安人社会的调研，而转向更为宽广的当代中美洲和南美洲农民的生活。

其次，雷德菲尔德将农村社会看成是一个由“务农人口”所组成的社会，这个社会的主要成员是一群“自生产自消费”式的小生产者，他们具有一定的独立性、自主性乃至密闭性。但相对独立并不意味着农村社会就与世隔绝，它的社会发展水平往往介于城市与更为原始的小型社区之间，农村社会在这中间扮演着中介和桥梁的角色，这三者不仅存在平等和平行的交往关系，而且也是一种“下级对上级”的服从关系。尤其值得一提的是农村社会与城市之间所长期存在的依赖关系，一般来说前者的主要功能在于为城市提供生活必需品和劳动力，后者则因为聚集了大多数社会精英而对农村保有强势地位，并向其传布新兴思想观念。农民一旦遇到无法解决之事时，寻求居住于城市之内的精英协助也使农村与城市之间形成较为频密的热络往来。就此而论，农村社会是个“不完整的实体”。城市也并未面向农村彻底关上大门，两者仍然有着顺畅的流动渠道和沟通途径，“农村和城镇之间能展开沟通从而使得务农者不再把自己死死地捆绑在自己耕种的土地上而使务农者得到解放”①，放诸四海，不论哪个国家，一旦形成这种农村与城市之间的自由流动，其所激发出来的潜能都将会为整个社会带来积极影响。

（二）农民群体的内涵与特征

明确农村社会的性质与功能后，接下来的问题便是如何认识农民这一农村社会的主体人群，其内涵与特征是什么？

---

① 罗伯特·雷德菲尔德：《农民社会与文化：人类学对文明的一种诠释》，王莹译，中国社会科学出版社 2013 年版，第 39 页。

雷德菲尔德的农民概念将猎人、渔夫和饲养牲畜者排除在外，其核心认定标准为是否依靠种植来谋生，并将其命名为“耕种的农民们”，耕种的目的不是为了赚取利润，而是为了谋生，耕种也因此成为农民的生活方式，他们对土地握有支配权，并基于传统承袭和内心情感而与土地结成“命运共同体”，两者须臾不可分离。对于另一群同样也从事农业生产的人群来说，由于他们的主要目的并不是出于谋生所需，而是最大限度地赢利和扩大再生产，土地也被作为资本和商品而进行市场买卖，雷德菲尔德认为这些人就与“耕种的农民们”有所不同，不能被称作农民，而是“做务农事业的人”，他们与土地之间也没有如“耕种的农民们”那样形成非常温润、浓厚的感情，而是一种较为单纯的市场利益考量。

从雷德菲尔德的划分来看，“耕种的农民们”类似于本人拥有一小块土地，以作物种植为主要生产方式和谋生手段的“小农”，他们与市场的关联度不高，基本上还是停留在自给自足阶段，也正因如此，农民很容易产生对脚下这块土地的依依眷恋之情。“做务农事业的人们”则更像是现代化大生产条件下的农场主和农业经营者，农业生产之于他们来说非但不是为了满足自身基本的物质需求，反倒已经成为全球贸易市场下农业分工与合作中的一环，市场需求和是否赢利成为优先选择。

两类人群的区别其实关涉对于“农民”一词的准确理解。英文中的“farmer”和“peasant”虽然都可汉译为农民，但此农民却非彼农民。前者以“farm”为词根，强调的是职业含义，而后者从词源来看与农民并无直接关系，该词源于古法语，系由古拉丁语“pagus”派生而来，意为“异教徒、未开化和堕落者”，带有很强的贬义。① 在古英语中，“peasant”可作动词使用，有附庸、奴役、流氓和坏蛋之意。与其说“peasant”是农民，倒不如说它是一种身份或出身，仅仅是因为那时大多数低微者都以种田为生，这才和农民产生关系。换言之，“farmer”完全是个职业性概念，它指的就是经营农场或农业者，这一

① 秦晖：《耕耘者言》，山东教育出版社 1999 年版，第 331 页。

概念与渔民、商人、工匠等职业并列，具有同样的公民（citizen）权利，在法律上都是市民，只不过从事的职业有所不同而已。但在许多发展中国家，农民一般却被视为“peasant”而非“farmer”。究其原因在于“peasant”所指代的农民不仅是职业，而且也是一种社会等级、社会身份（至少是准身份）、生存状态、文化模式、心理结构乃至社会组织方式。相较之下，“peasant”和“farmer”有着相同的职业内涵，但前者的社会意义却远较后者更广。

据此不难判断，雷德菲尔德所说的“耕种的农民们”在含义上更接近于“peasant”所表达的含义，而“做务农事业的人们”则多指“farmer”，强调的是其作为一项经营性事业的专业属性。

四、小传统与大传统之间的划分与相互涵化

雷德菲尔德从对农村社会及其与城市之间联动的研究中，敏锐发现小传统与大传统这一人们之前习以为常，却未能意识，从而给予充分体认的两大不同畛域，这也是雷德菲尔德农村社会研究中最为重要的学术贡献。那么，何谓小传统与大传统？为何前人有此一忽略？它们之间存在怎样的关系？

农民文化是一种多元素复合而成的文化，并非独立自主存在，而是它所附着于其上的那个文明的一个方面或一个侧面。职是之故，农民社会也就只是附属于大社会之下的一个部分，农民的文化也就只能算是半个文化。若要理解农民文化作为人类文明一个侧面的这一特性，必须先得承认一个前提——也就是存在大传统与小传统之间的殊分与相互涵化关系。

“其一是一个由为数很少的一些善于思考的人们创造出的一种大传统”，“其二是一个由为数很大的、但基本上是不会思考的人们创造出的一种小传统”①。雷德菲尔德经过研究后发现，大传统通常是由神学

① 罗伯特·雷德菲尔德：《农民社会与文化：人类学对文明的一种诠释》，王莹译，中国社会科学出版社2013年版，第95页。

家、哲学家、文人等精英阶层（一般来说，他们也是统治者，只占少数人口）精心培育于学堂或庙堂之上，并努力使其能够代代相传，内化于心。小传统则是从占人口绝大多数的普通民众心中自发萌生、形成，“然后它就在它诞生的那些乡村地区的无知的群众的生活里摸爬滚打挣扎着持续下去”，常被人们视为“也就是那么回事罢了”。与大、小传统相对应的则是一系列类似比照：高文化/低文化、古典文化/民俗文化、上流社会传统/通俗传统、等级制文化/世俗文化，等等。虽然标准和说法各异，但都同样反映了大、小传统之间的差异。准确地说，这些词汇也只是从某个角度出发所做的描述而已。

两种传统形成方式的不同也使它们在历史上有着截然不同的地位，在人们内心之中有相异分量。

长久以来，古今中外的历史记载多为圣君贤相之本纪，帝王将相和盖世英雄成为人们关注的焦点。梁启超在《新史学》一文中就曾批判中国旧史学乃一部“二十四姓之家谱而已”，“舍英雄几无历史”①。英国著名历史学家卡莱尔（Thomas Carlyle）更是直言不讳地宣称世界历史“实质上也就是在世界上活动的伟人的历史”，“他们是民众的领袖，而且是伟大的领袖，凡是一切普通人殚精竭虑要做或想要得到的一切事务都由他们去规范和塑造，从广义上说，他们也就是创造者”②。后人记住了那些在重大历史关头发挥关键作用的要角，史家也将他们视作推动历史车轮前进的动力，历史成为一部“帝王将相史”，人类光谱多留下英雄和伟人的印痕，史书也在一定程度上沦为这些人的功勋“注脚”，由此积累形成的大传统不仅成为官方正统解释，而且传之后世，被奉为“圭臬”，对全体社会成员的思维意识具有非常强大的影响力和威慑力。

与一个个鲜活的、大写的历史伟人相比，民众则显得卑微、弱小得

---

① 梁启超：《梁启超全集》（第2册），北京出版社1999年版，第737页。

② 托马斯·卡莱尔：《论英雄、英雄崇拜和历史上的英雄业绩》，周祖达译、张自谋校，商务印书馆2005年版，第1页。

多。他们很难在历史上留下属于自身的单个定格瞬间，多以“龙套”“群氓”“乌合之众”① 的集体形态呈现于历史画卷，而农民则更是被淹没于人海之中，贫困、落后、封建、愚昧等词汇已然成为农民的固定代名词，他们能否进步并不取决于自身，而是需要别人来引领。英国著名马克思主义史学家霍布斯鲍姆（Eric Hobsbawm）就曾对这种状况有所评述：“在绝大多数国家的历史记述中，直到 19 世纪下半叶，统治阶级的政治活动室很少涉及下层社会的大众的，这被认为是理所当然的；除非在非常特殊的环境中，比如重大的社会革命或反叛”②。对此不均衡局面，霍布斯鲍姆力倡“下层历史”（history from below，又译为“从下面看的历史”，通常简称为“从下往上看”）的研究。霍布斯鲍姆的这一学术转向与雷德菲尔德的大、小传统划分实有颇多暗合之处，两者都重视对于与高层人物——国家政治相对的底层民众——民间社会的重新开掘，内在学术理路的相通很大程度上也促成了“历史学的人类学化”和“人类学的历史学化”这两大潮流。除了有丰富学科方法论的功利目的外，两种传统之间本就具有的相互依赖关系则是小传统重新受到学者重视的根本原因。雷德菲尔德将此喻为“两条思想与行动之河流”，“它们俩虽各有各的河道，但彼此却常常相互溢进和溢出对方的河道”③。在一些与外界严重隔绝的村落，两种传统之间其实很难清晰分割，而这就涉及相互之间的涵化过程。

“涵化是一种特殊的传播，它是在两个先前独立存在的文化传统进入持续的接触，并且其接触程度已强烈到足以引起一个或两个文化产生

---

① 古斯塔夫·勒庞：《乌合之众：大众心理研究》，冯克利译，中央编译出版社 2000 年版。

② 埃里克·霍布斯鲍姆：《下层的历史》，唐科译、刘北成校，刘北成、陈新编：《史学理论读本》，北京大学出版社 2006 年版，第 258 页。

③ 罗伯特·雷德菲尔德：《农民社会与文化：人类学对文明的一种诠释》，王莹译，中国社会科学出版社 2013 年版，第 95 页。

广泛变迁的时候发生的。”① 透过涵化概念的引入可知：大、小传统之间其实是互为调节的，大传统由于其有着较强的主导能力，故对于社会发展态势会产生更为直接的影响，但同时它也会被数以千百计的小民百姓的思想与行动所渗透、浸润，这两种传统之间一直处在互动过程中，没有绝对意义上的单向势能输送。小传统经过一定时间的沉淀也能转为大传统，两者彼此互为表里，都为对方的一个侧面。人类学家所理解的文明就是大传统与小传统之间发生的旷日持久的但又具有特色的相互涵化，“应该把小传统和大传统之间的双向的互动理解成为两个具有互补性影响的发生过程”②。简言之，“城市和乡村也因为不同文明因素的影响，形成一个国家的二元政治结构，呈现出政治发展状态的极不平衡的特点”③，但这种不平衡不等于“老死不相往来”，核心在于形成某种沟通机制——作为大传统的城市在现代化过程中会把它的一些现代因素输入农村社会，而农村反过来也为大传统的传承提供了某种参照系，甚至是矫正力量。

五、小　结

费孝通先生当年曾感叹“从基层上看去，中国社会是乡土性的”④。时至今日，中国现代化的关键仍然是农村现代化，如何在一个以乡土性为主基调的中国社会完成现代化这一严峻课题还在考验着国人的智慧。在此背景之下，雷德菲尔德的农村社会研究对于我们省思当下的“三农”问题能够提供哪些学理资源？笔者认为最重要的在于需要

---

① 克莱德·M. 伍兹：《文化变迁》，何瑞福译，河北人民出版社 1989 年版，第 46 页。

② 罗伯特·雷德菲尔德：《农民社会与文化：人类学对文明的一种诠释》，王莹译，中国社会科学出版社 2013 年版，第 123 页。

③ 徐勇：《非均衡的中国政治：城市与乡村比较》，中国广播电视出版社 1992 年版，第 5 页。

④ 费孝通：《乡土中国》，北京出版社 2011 年版，第 1 页。

针对已经变化了的现实重新认识农业、农民及其构成的农村社会。

结合雷德菲尔德有关“耕种的农民们”和“做务农事业的人们”的不同划分，以及目前基于不同区域（南方、中部和北方）农村的发展现况，至少可以说，农业、农民和农村在这三大区域内所呈现出来的真实面貌有着很大不同，它们各自所处的发展阶段和正面临的棘手任务也有着较大差异，完全不可等同视之。

概而言之，南方地区多团结型村庄，北方地区多分散型村庄，中部地区多分散的原子化村庄。① 在各区域内，农业所担负的使命已不尽相同。依托于沿海开放地区的经济发展势头，南方农村已不存在温饱问题，大多数农村以背靠附近城市发展特色工商业。农民虽然在户籍上还有若干限制，但其主营项目已经整体转入工商业，乡村风貌也已实现“小城镇化”，其经济实力（不论是个人、家庭还是村集体）远高于内地农村。农业在这些地区的主要功能不再是传统时代一家财源之所系，而是转为具有浓厚乡村风情的休闲旅游项目，农民在“荷包满了”之后所追求的目标已是逐步实现“市民化”或“公民化”。窃以为，在这一升级过程中，南方农村原本就未曾中断并在市场经济大潮下重新萌发的宗族传统，恰恰就是本书所说的可以用来弥补大传统不足的乡村小传统，利用好它将不仅能使大传统平稳深入乡村社会，也能因地制宜，发挥本土资源，继续维系“面对面的社群（face to face group）”所应具有的浓浓人情味，形成村庄内部的共同体意识，也能有效减少国家行政成本，增强政府的公共权威。

北方和中部地区的农村由于本身农业发展所需的自然条件有限（特别是水资源短缺），宗族传统相对弱小，加之“分田单干”后各村集体经济普遍式微的窘境，使得农村更多地呈现为一片散沙、群龙无首的“原子化”状态。农业在这些地区仍然是主业，但其发展空间从目前来看已经十分有限，而中国农民“善分不善合”的缺点一经放大后

① 贺雪峰：《新乡土中国》，北京大学出版社 2013 年版，第 48 页。

导致这些地区的农村彻底“碎化”，毫无凝聚力和向心力，也就谈不上富民兴村、发展经济的大局。对此，本书认为大传统在这些地区仍要占据主导地位，即通过村民小组、“两委”（村民委员会和支部委员会）或者是合作社、农会等形式将农民重新有效组织起来，在组合过程中培育农民的合作精神和共同体意识，激活部分已经存入地下的小传统，实现上下联动。也正是出于此一考虑，原本位于村中心的小学校也就不宜另址新建（往往搬迁至公路附近），更不能为了盲目基建而占用分布于村中的池塘、老树或晒谷场，这些设施的存在有助于形塑农村公共空间和民众舆论——它们是构建一地小传统时可资利用的已有资源，而且也是村民所熟悉的。

综合上述，对于那些认为只要私有化和明晰产权制度就能解决农村发展过程中遇到的一切问题的简单论调，笔者并不认同。这种一厢情愿经现实验证已表明其虚妄性和操作的不切实际，而它的症结就在于忽视了雷德菲尔德所说的大、小传统之分及其涵化关系，未能充分利用已有资源，迷信于自上而下式的统一贯彻。根据中国不同地区农村的实际情况，有些地区需要培育小传统，而有些地区则是已经发展至如何最大限度发挥小传统的功能及使其与大传统之间有机协调的阶段。著名法学家苏力在借鉴历史经验的基础上就已得出结论：“中国的法治之路必须注重利用中国本土资源，注重中国法律文化的传统和实际。”① 推展开来，上自政府部门“三农”政策的制定，下到学者们的“三农”研究，在充分吸收西方理论和经验的同时，倒是应潜入农村深入探询那些已被弃之一边或正在消失中的各色小传统，找到一条将大传统的规训功能与村民耳熟能详的小传统合理发挥作用的融合之路。

---

① 苏力：《法治及其本土资源》，中国政法大学出版社 1996 年版，第 6 页。

主要参考文献

[1] 中国科学技术协会编:《中国科学技术专家传略(农学编)》(综合卷1),中国农业科技出版社1996年版。
[2] 钱天鹤:《钱天鹤文集》,中国农业科技出版社1997年版。
[3] 清庆瑞主编:《抗战时期的经济》,北京出版社1995年版。
[4] 沈宗瀚、赵雅书等编著:《中华农业史论集》,台湾"商务印书馆"1979年版。
[5] 张培刚:《农业与工业化》(上卷),华中科技大学出版社2009年版。
[6] 李非:《台湾经济发展通论》,九州出版社2004年版。
[7] 李先闻:《李先闻自述》,湖南教育出版社2009年版。
[8] 沈宗瀚:《沈宗瀚自述》(上、中、下),黄山书社2011年版。
[9] 中国文化书院学术委员会编:《梁漱溟全集》(第一卷),山东人民出版社1989年版。
[10] 宋恩荣主编:《晏阳初全集》(第二卷),湖南教育出版社1992年版。
[11] 黄俊杰访问、记录:《台湾"土改"的前前后后:农复会口述历史》,九州出版社2012年版。
[12] 西奥多·W. 舒尔茨:《改造传统农业》,梁小民译,商务印书馆2006年版。
[13] 周其仁、杜鹰、邱继成:《发展的主题——中国国民经济结构的

变格》，四川人民出版社 1987 年版。
[14] 张海鹏、陶文钊主编：《台湾史稿》，凤凰出版社 2012 年版。
[15] 黄宗智：《华北的小农经济与社会变迁》，中华书局 2000 年版。
[16] 黄俊杰：《沈宗瀚先生年谱》，台大出版中心 2016 年版。
[17] 中国农学会、华恕主编：《邹秉文纪念集》，农业出版社 1988 年版。
[18] 邹秉文编：《中国农业教育问题》，商务印书馆 1923 年版。
[19] 钱伟长总主编：《20 世纪中国知名科学家学术成就概览（农学卷）》（第一分册），科学出版社 2011 年版。
[20]《南京农业大学发展史》编委会编：《南京农业大学发展史 · 人物卷》，中国农业出版社 2012 年版。
[21] 金善宝主编：《中国现代农学家传》（第一卷），湖南科学技术出版社 1985 年版
[22]《科学家传记大辞典》编辑组编：《中国现代科学家传记》（第一集），科学出版社 1991 年版。
[23] 关联芳主编：《西北农业大学校史（1934—1984）》，陕西人民出版社 1986 年版。
[24] 中国农业科学院编：《中国农业科学院志》，中国农业科学技术出版社 2001 年版。
[25] 沈君山、黄俊杰编：《耕耘岁月——沈宗瀚先生自传及其他》，台湾正中书局 1992 年版。
[26] 包平、王宏林、曹新宇主编：《金陵旧事：康奈尔首例国际农业技术合作项目》，中国农业出版社 2015 年版。
[27] 蒋慕东：《二十世纪中国大豆科技发展研究》，中国三峡出版社 2008 年版。
[28] 行龙：《人口问题与近代社会》，人民出版社 1992 年版。
[29] 何炳棣：《明初以降人口及其相关问题：1368—1953》，葛剑雄译，三联书店 2000 年版。

[30] 韩天富、董钻、杨光明主编：《中国大豆科技工作者传略》（第一卷），中国农业出版社 2014 年版。

[31] 刘荣志、向朝阳、王思明主编：《当代中国农学家学术谱系》，上海交通大学出版社 2016 年版。

[32] 张景书：《中国古代农业教育研究》，西北农林科技大学出版社 2006 年版。

[33] 校史编委会编：《南京农业大学史：1902—2004》，中国农业科学技术出版社 2004 年版。

[34] 包平：《二十世纪中国农业教育变迁研究》，中国三峡出版社 2007 年版。

[35] 王秀清、谭向勇主编：《百年农经（1905—2005）》，中国农业出版社 2005 年版。

[36] 谢泳：《逝去的年代：中国自由知识分子的命运》（修订本），福建教育出版社 2013 年版。

[37] 北京农业大学校史资料征集小组编著：《北京农业大学校史（1949—1987）》，北京农业大学出版社 1995 年版。

[38] 四川农业大学校史编写组：《四川农业大学史稿（1906—1990）》，四川农业大学出版社 1991 年版。

[39] 周邦任、费旭：《中国近代高等农业教育史》，中国农业出版社 1994 年版。

[40] 张仲葛编著：《中国近代高等农业教育的发祥（1905—1949）》，北京农业大学出版社 1992 年版。

[41] 董时进：《两户人家》，学林出版社 2012 年版。

[42] 费旭、周邦任编撰：《南京农业大学史志（1914—1988）》，南京农业大学农业教育信息中心 1994 年版。

[43] 南京大学高教研究所校史编写组编：《金陵大学史料集》，南京大学出版社 1989 年版。

[44]《南京农业大学发展史》编委会编：《南京农业大学发展史·历史

卷》，中国农业出版社 2012 年版。

[45] 欧素瑛：《传承与创新：战后初期台湾大学的再出发（1945—1950）》，台湾书房 2012 年版。

[46] 埃德加·斯诺：《红星照耀中国》，董乐山译，新华出版社 1984 年版。

[47] 袁林：《西北灾荒史》，甘肃人民出版社 1994 年版。

[48] 人民出版社编辑：《抗日战争时期解放区概况》，人民出版社 1953 年版。

[49] 陕甘宁边区财政经济史编写组、陕西省档案馆编：《抗日战争时期陕甘宁边区财政经济史料摘编》（第 2 编），陕西人民出版社 1981 年版。

[50] 陕西省档案馆、陕西省社会科学院编：《陕甘宁边区政府文件选编》（第 1 辑），档案出版社 1986 年版。

[51] 甘肃省社会科学院历史研究室编：《陕甘宁革命根据地史料选辑》（第二辑），甘肃人民出版社 1983 年版。

[52] 严艳：《陕甘宁边区经济发展与产业布局研究：1937—1950》，中国社会科学出版社 2007 年版。

[53] 中华人民共和国财政部《中国农民负担史》编辑委员会编著：《中国农民负担史》（第三卷），中国财政经济出版社 1990 年版。

[54] 陕甘宁革命根据地工商税收史编写组、陕西省档案馆：《陕甘宁革命根据地工商税收史料选编》（第七册），陕西人民出版社 1981 年版。

[55] 中国抗日战争史学会、中国人民抗日战争纪念馆编：《抗战时期的陕甘宁边区》，北京出版社 1995 年版。

[56] 陈学昭：《延安访问记》，中国国际广播出版社 2013 年版。

[57] 张闻天：《神府县兴县农村调查》，人民出版社 1986 年版。

[58] 贺雪峰：《新乡土中国》，北京大学出版社 2013 年版。

[59] 费孝通：《乡土中国》，北京出版社 2011 年版。

[60] 费孝通：《江村经济——中国农民的生活》，商务印书馆 2006 年版。
[61] 罗伯特·雷德菲尔德：《农民社会与文化：人类学对文明的一种诠释》，王莹译，中国社会科学出版社 2013 年版。
[62] 秦晖：《耕耘者言》，山东教育出版社 1999 年版。
[63] 徐勇：《非均衡的中国政治：城市与乡村比较》，中国广播电视出版社 1992 年版。
[64] 苏力：《法治及其本土资源》，中国政法大学出版社 1996 年版。

后　记

在这个十分强调专业学缘和师门谱系（一定程度上也就意味着所谓“学术资源”）的年代，笔者近年来从事以中国近代农科学人“三农”文本及其思想为核心的农史研究纯属偶然。

论专业，笔者硕士和博士学位的方向皆为世界史（侧重于近现代），然平日读书尤喜涉猎民国史事，特别是当年那些如雷贯耳的知识分子或科学家，他们的自传、回忆录、口述或日记也不时出现在阅读书单中，由此也习得不少逸闻趣事——有些适合于作为茶余饭后的谈资，有些确也拓宽视界不少，以农科学人为代表的科技类知识分子就是在阅读之余所发现的别有洞天。

从 2013 年下半年开始，在不影响和耽搁博士学位论文写作的前提下，笔者开始集中聚焦于“农复会”以及随其渡海去台的沈宗瀚、钱天鹤等人农业思想，并尽可能搜罗大陆所能找到的已出版资料。2015 年博士毕业之后来到山西农业大学马克思主义学院任教，农史研究由原来的“副业”转为“主业”，而研究对象也是与前述“农复会”诸公有着极深渊源的邹秉文、章之汶以及曾担任过山西农业大学前身——山西农学院正、副院长的王绶和乔启明。同时，在此期间，结合当下高等农业教育现状，援引民国时期著名农业经济学家董时进的相关言说，从高等农业教育角度切入，也更加感到董时进作为一位“先知”式学者的伟大。

除了自己的学术兴趣之外，天津理工大学马克思主义学院教授余永和老师的点拨和开导也是促使自己转向农史研究的一大关键，包括董时进在内的诸多民国时期农界前辈的著作和言论都是从他那得知，并按图索骥，寻找可用资料。在本次成书过程中，余师又于百忙之中拨冗作序(这已是第二次赐序)，倾力推荐，十分感谢！

不论现在或将来的研究主业是什么，农史研究将始终是我所关注的领域。为了能够整合全书，笔者对每篇文章重新作了校订，改正了其中的错别字和若干有欠通顺的语句，并将注释都统一为脚注，一些过长的段落也根据上下文重新分段，以便阅读，另对首次出现的外国人名统一标注其西文全名。同时，文章中的年月日一律使用阿拉伯数字，而在其他地方涉及数字时则都改为以汉字表述。

十多年来，不少师长和好友一直相伴行过，指点甚多，也容在此一并致谢，他们是：中共龙岩学院党委副书记朱闽，龙岩学院中央苏区研究院院长蒋伯英教授，龙岩学院中央苏区研究院执行院长张雪英教授，龙岩学院中央苏区研究院王瑞博士、办公室张晓飞老师，仲恺农业工程学院马克思主义学院胡小芬博士，中国地质大学马克思主义学院副院长阮一帆教授，宜昌市博物馆唐凛然博士，泰山学院历史与社会发展学院李志刚博士，复旦大学历史学系许明杰博士，江西省高级人民检察院检察官帅清华博士，广西壮族自治区高级人民法院法官赖正直博士，江苏大学法学院王刚博士，衢州学院思政部张立平博士。

本书从选题策划到出版成型的整个过程都有赖于武汉大学出版社编辑李程老师的辛苦付出，这已经是我们的第三次合作，在此一并致谢！

但限于学力所及，书中必定还有不少疏漏之处，祈请各位师友批评指正！

此书编选之际也正值格格降临，爸爸也将这本小书献给你！

吴　强

2018 年 5 月 10 日于龙岩学院青年教师公寓